www.ingramcontent.com/pod-product-compliance
Lightning Source LLC
LaVergne TN
LVHW010348070526
838199LV00065B/5809
9789358727661

اردو ادب کے معمار: ایک جائزہ

(ادبی مضامین)

مجنوں گورکھپوری

© Taemeer Publications LLC
Urdu Adab ke Me'maar : Aik jaiza (Essays)
by: MajnooN Gorakhpuri
Edition: September '2024
Publisher :
Taemeer Publications LLC (Michigan, USA / Hyderabad, India)

ISBN 978-93-5872-766-1

مصنف یا ناشر کی پیشگی اجازت کے بغیر اس کتاب کا کوئی بھی حصہ کسی بھی شکل میں بشمول ویب سائٹ پر اَپ لوڈنگ کے لیے استعمال نہ کیا جائے۔ نیز اس کتاب پر کسی بھی قسم کے تنازع کو نمٹانے کا اختیار صرف حیدرآباد (تلنگانہ) کی عدلیہ کو ہو گا۔

© تعمیر پبلی کیشنز

کتاب	:	اردو ادب کے معمار : ایک جائزہ (مضامین)
مصنف	:	مجنوں گورکھپوری
صنف	:	غیر افسانوی نثر
ناشر	:	تعمیر پبلی کیشنز (حیدرآباد، انڈیا)
سالِ اشاعت	:	۲۰۲۴ء
صفحات	:	۱۲۴
سرورق ڈیزائن	:	تعمیر ویب ڈیزائن

فہرست

(۱) دیوان غالب اور اردو غزل	6
(۲) میر اور ہم	11
(۳) مصحفی اور ان کی شاعری	37
(۴) حالی کا مرتبہ اردو ادب میں	61
(۵) نظیر اکبر آبادی اور اردو شاعری میں واقعیت و جمہوریت کا آغاز	74
(۶) نظیر اکبر آبادی : ایک بار پھر	101
(۷) میں کیوں لکھتا ہوں؟	114

دیوان غالب اور اردو غزل

میر کے بعد اور اقبال سے پہلے غالب ہی ایک ایسی شخصیت ہے جس کو عہد آفریں کہا جا سکتا ہے۔ وہ میر اور اقبال دونوں سے زیادہ قوی اور مؤثر شخصیت رکھتا تھا۔ اردو شاعری کی آنے والی نسلوں پر جیسا شعوری اور دیرپا اثر غالب کا رہا، میر کا نہیں رہا۔ اقبال کے شعری کردار کی تشکیل و تربیت میں موثرات کے ساتھ ساتھ غالب کا اثر ایک نمایاں اور اہم حیثیت رکھتا ہے۔ غالب جس قدر اپنے زمانے کی مخلوق تھا اس سے بہت زیادہ نئے زمانے کا آفرید گار تھا۔ وہ ایک ایسی ہستی ہے جس کے ذہن کی تعمیر میں خارجی حالات واسباب کی غیر شعوری کارفرمائی جس قدر بھی رہی ہو، لیکن وہ کسی خاص تحریک کا نتیجہ نہیں تھا۔ وہ تاریخ کی فطری اور بیساختہ پیداوار تھا۔

اردو غزل کی رفتار میں غالب ایک نیا رہنما ہے اور "دیوان غالب" ایک نیا موڑ۔ ڈاکٹر بجنوری نے "دیوان غالب" کو ہندوستان کی دوسری الہامی کتاب بتایا ہے۔ ہم بھی غالب کے کلام کو کچھ الہام ہی کی قسم کی تخلیق پاتے ہیں جیسا کہ دنیا کی تواریخ میں ہر اس بڑے شاعر کا کلام ہوتا آیا ہے جس نے آئندہ نسلوں کو نئی آگاہیاں دی ہوں۔ لیکن اس کے لئے ضروری نہیں کہ وید مقدس یا کسی دوسرے مذہبی صحیفے کو دیوان غالب کے مقابلے میں لایا جائے اور نہ یہ دعوی مناسب معلوم ہوتا ہے کہ یہ دوسری یا آخری الہامی کتاب ہے۔ اتنا کہنا کافی ہے کہ اردو شاعری میں غالب پیغمبر یا اوتار کے قسم کی ہستی ہے

اور اس کا دیوان الہام کا حکم رکھتا ہے۔ خود غالب کو بھی یہ پندار تھا کہ اگر "فن سخن" کوئی "دین" ہوتا تو یہ یعنی دیوان غالب اس "دین" کے لئے "ایزدی کتاب" ہوتا۔

غالب سے پہلے اردو غزل یا تو خالص جذبات اور اندرونی واردات کی شاعری تھی، یعنی اس میں داخلیت کا زور تھا اور اس داخلیت میں بھی انفعالیت اور سپردگی کی فضا چھائی ہوئی تھی، یا پھر جرأت اور مصحفی کی رائج کی ہوئی سطحی خارجی واقعیت اپنا رنگ جما رہی تھی لیکن سب سے زیادہ دبستان ناسخ کی دور از کار مضمون آفرینی اور خواہ مخواہ کی لفظی زور آزمائی کو شاعری کے میدان میں قبول عام حاصل ہو رہا تھا۔ غالب نے اردو غزل کو ایک طرف تو مجہول داخلیت اور سطحی خارجیت دونوں کے تنگ دائرے سے نکال کر فطرت انسانی سے قریب کیا، دوسری طرف خود اپنی مشکل زبان اور پیچیدہ طرز بیان کے باوجود اس کو بڑھتی ہوئی لفظی جسامت کا شکار ہونے سے بچا کر اس کے اندر معنوی حجم پیدا کیا۔

غالب سے اردو غزل میں فکر و تامل کی ابتدا ہوتی ہے۔ وہ اردو کا پہلا شاعر ہے جس نے دلی واردات اور ذہنی کیفیات کو محض بیان کر دینے پر قناعت نہیں کی، بلکہ ہم کو ان پر مستفسرانہ انداز میں نظر ڈالنا اور غور کرنا سکھایا اور ان کے متعلق ہم کو نیا شعور دیا۔ دیوان غالب کے مطالعے سے ہم کو محسوس ہوتا ہے کہ شاعر کو آفرینش اور حیات انسانی کے تمام رموز و اسرار کا پورا ادراک حاصل ہے اور وہ ان کو بیک وقت بڑے حکیمانہ انداز و فنکارانہ سلیقہ کے ساتھ بیان کرنے کی قابلیت رکھتا ہے۔ اردو شاعری میں "دیوان غالب" کی سب سے بڑی دین یہی ہے۔

اردو میں غالب کی آواز پہلی آواز ہے جو دل و دماغ کو مخاطب کر کے چونکاتی ہے۔ غالب کے اشعار احساس اور فکر دونوں کو چھیڑتے ہیں اور دونوں کو آسودہ کرتے ہیں۔ غالب کو اردو کا پہلا مفکر شاعر کہنا غلط نہ ہوگا۔ اس کے کلام کے مطالعے سے ہم کو یہ سبق

ملتا ہے کہ انسان کی زندگی میں جذبات یا جذباتی سپردگی ہی سب کچھ نہیں، بلکہ ہم کو ہمت کے ساتھ اپنے تمام خارجی حادثات و حالات اور ذہنی کوائف و واردات کا جائزہ لینا چاہیئے اور ان کی اصلیت پر عارفانہ عبور حاصل کرنا چاہیئے۔

یوں تو غالب بھی غزل کا شاعر ہے اور غزل میں کوئی خاص فکری نصاب نباہنا مشکل ہے۔ لیکن "دیوان غالب" کو غور کے ساتھ پڑھا جائے تو یہ اثر ہوتا ہے کہ زندگی اور زندگی کے حقائق اور مسائل کے متعلق شاعر کا ایک واضح اور مستقل فکری میلان ہے جو استفسار و تفحص اور تفتیش و تامل کا نتیجہ ہے۔ غزل کے مزاج کا خمیر عشق سے ہوا۔ حسن اور عشق اور دونوں کے باہمی رابطے اور معاملے غزل کے اساسی اور مستقبل ترکیبی عناصر ہیں۔ غالب کے کلام میں بھی یہ عناصر حاوی اور نمایاں ملیں گے۔ مگر یہ اس لئے کہ یہ غزل کا اصلی مزاج اور اس کا ناموس ہے، اور "بادہ و ساغر" کہے بغیر یہاں بات بن نہیں پاتی ورنہ غالب در حقیقت زندگی کا شاعر ہے۔

وہ محبت کا راگ اس لئے گاتا ہے کہ محبت بھی زندگی کا ایک فطری اور لازمی میلان ہے۔ مگر حسن اور عشق کے میدان میں بھی غالب کا انداز مجتہدانہ ہے۔ وہ حسن کی برتری کو تسلیم کرتے ہوئے عشق کے وقار اور اس کی عظمت کا قائل ہے۔ دیوان غالب میں اس عنوان سے متعلق جتنے اشعار ہیں، ان کے تیور سے ظاہر ہوتا ہے کہ عاشق و معشوق شریک ازلی ہیں اور دونوں اپنا اپنا منصب اور اپنا اپنا مقدر رکھتے ہیں۔ غالب نے کبھی کھلے الفاظ میں تو یہ نہیں کہا ہے لیکن معشوق سے وہ اکثر جس معنی خیز طنز اور بلیغ شوخی کے ساتھ خطاب کرتا ہے اس کا پیغام یہ ہے کہ معشوق کا مقام اپنی جگہ مسلم، لیکن عاشق بھی اپنی ایک حیثیت اور ایک حرمت رکھتا ہے اور اس کی انسانی فطرت کے بھی کچھ مطالبے ہیں۔ غالب کے اشعار کا موضوع چاہے عشق ہو چاہے زندگی کا کوئی اور نکتہ، ان سے

بہر صورت اردو شاعری کو جرأت فکر اور جرأت اظہار کا سبق ملا ہے۔

"دیوان غالب" نے ہم کو صرف نئے زاویوں اور نئے انداز سے محسوس کرنا اور سوچنا نہیں سکھایا بلکہ اظہار کا نیا سلیقہ بھی بتایا۔ اسلوب بیان میں بھی غالب اپنا انفرادی مقام رکھتا ہے۔ وہ محض فکر و نظر کا مجتہد نہیں ہے۔ اس کا "انداز بیان" بھی "اور" ہے۔ وہ افکار اور الفاظ کے درمیان مکمل آہنگ کا قائل ہے۔ اس کے اسلوب میں بیک وقت منطقی ترتیب اور جمالیاتی تہذیب کا احساس ہوتا ہے۔ الفاظ ہوں یا تشبیہات و استعارات، وہ ان کو بڑی حکیمانہ فرزانگی اور بڑے حسن کارانہ قرینے کے ساتھ استعمال کرتا ہے۔ دیوان غالب میں مشکل سے دوچار اشعار ایسے نکلیں گے جو اپنی تمام تہ در تہ بلاغتوں کے ساتھ حسن صوتی سے خالی ہوں۔

غالب جس وقت نامانوس سے نامانوس الفاظ یا لفظی تراکیب یا اجنبی سے اجنبی تشبیہات و استعارات سے کام لیتا ہے اس وقت بھی وہ حسن آہنگ کو ہاتھ سے جانے نہیں دیتا۔ اس کے اشعار آسان ہوں یا مشکل یا ہمارے خیال میں بالکل مہمل، لیکن وہ کم سے کم ایسے تو ہوتے ہی ہیں کہ نازک سے نازک ساز پر گائے جاسکیں۔ "دیوان غالب" کا ہر مصرع بقول ڈاکٹر بجنوری "تار رباب" ہوتا ہے۔ پھر یہ موسیقیت محض لفظی اور سطحی نہیں ہوتی بلکہ اس کے اندر معنوی گہرائی کا احساس ہوتا ہے۔ ایسی بلیغ اور بے خلل موسیقیت غالب کے بعد صرف اقبال کو نصیب ہو سکی۔

یہ ہے وہ ترکہ جو 'دیوان غالب' سے بعد کی نسلوں کو ملا۔ آج غالب نہ ہوتا تو ابھی حالی اور اقبال کی متوازن، سنجیدہ اور زندگی سے آنکھیں ملاسکنے والی شاعری کے وجود میں آنے میں نہ جانے کتنی دیر لگتی اور ہماری اردو شاعری موجودہ منزل تک نہ جانے کب پہنچتی۔ سینٹسبری نے ایک موقع پر کہا ہے کہ "کیٹس نے ٹینی سن کو پیدا کیا اور ٹینی سن

نے باقی تمام شعرا کو۔" ہم بھی کہہ سکتے ہیں کہ غالب نے اقبال کو پیدا کیا اور اقبال نے بعد کے تمام اردو شعراء کو۔

***

میر اور ہم

جانے کا نہیں شور سخن کا مرے ہر گز
تا حشر جہاں میں مرا دیوان رہے گا

میر

عبوری دور اور اس کا انتشار و اختلال انسانی تمدن کی تواریخ میں کوئی نیا سانحہ نہیں ہے۔ معاشرتی رستخیز، ہماری زندگی کے ارتقاء کا ادنی منظر رہا ہے۔ زمانہ قبل تاریخ سے لے کر اس وقت تک ہماری زندگی نہ جانے کتنے انقلابات دیکھ چکی ہے اور کوئی انقلاب ایسا نہیں ہوا جو اپنی تمام غارت گریوں کے ساتھ نئی دین نہ لایا ہو۔ لیکن زندگی کی ہر سمت میں جس بحرانی منزل سے آج ہم گزر رہے ہیں، ماضی میں اس کی دوسری مثال انسانی تواریخ شاید نہیں پیش کر سکتی۔

ہم آج ایسے زمانہ میں سانس لے رہے ہیں جس میں انسانیت کے مقدر کا فیصلہ ہو رہا ہے۔ ہم کو یقین ہے کہ یہ بحران ہمیشہ قائم رہنے والا نہیں اور جب یہ ختم ہو گا تو ہماری زندگی نئی سعادتوں سے معمور ہو گی۔ لیکن فی الحال ہم کچھ مخبوط سے ہو رہے ہیں اور جہاں تک زندگی کی قدروں کا تعلق ہے، ہماری قوت فکر و عمل کچھ ماؤف سی ہو رہی ہے۔ ہم اعتماد کے ساتھ کوئی قطعی فیصلہ نہیں کر سکتے کہ کن قدروں کو قبول کریں اور کن کو رد کر کے طاق نسیاں کے حوالے کریں۔

ماضی، حال اور مستقبل کے تصورات اور ان کی اہمیت کا صحیح ادراک اس وقت ہمارے ذہن میں کچھ الجھ کر رہ گیا ہے اور ہماری فکری قوت اکثر ایک سمت میں حرکت کرنے لگتی ہے۔ کچھ لوگ ساری اچھائیاں اور تمام عظمتیں صرف ماضی میں پاتے ہیں۔ کچھ ہیں جو حال ہی کو سب کچھ دیکھتے ہیں اور کچھ ایسے ہیں جو حال سے ناآسودہ ہوکر مستقبل کے تصور اور اس کی تعمیر کے خیال میں اس قدر محو ہیں کہ وہ حال اور ماضی دونوں کو نقش باطل سمجھتے ہیں۔

اس آخری جماعت میں زیادہ تر تو ایسے لوگ ہیں جو نہ حال کا صحیح جائزہ لے سکتے اور نہ یہ قابلیت رکھتے کہ مردہ ماضی اور زندہ ماضی میں فرق کریں اور ماضی کی زندہ اور صالح میراث کو حال میں جذب کرکے نئے اور روشن مستقبل کی تعمیر کا ترکیبی جزو بنائیں۔ صرف گنتی کے لوگ ہیں جو ماضی کی اہمیت، حال کی قدر اور مستقبل کی خوش آئندگی اور کامرانی اور پھر تینوں کے ناگزیر تعلق اور تسلسل کا صحیح علم اور درک رکھتے ہیں۔ ہم کو یقین ہے کہ یہ گنتی کی تعداد روز بروز بڑھتی جائے گی۔ ہماری مستقبل کی امیدیں ایسے ہی لوگوں سے وابستہ ہیں۔

ہم کو زندگی کی موجودہ ناکارہ اور نقصان پہنچانے والی روایتی قدروں اور بے جان مسلمات اور مفروضات سے یقیناً بغاوت کرنا ہے، لیکن اس کے لئے تمام بنی نوع انسان کی معاشرت اور تہذیب کی تواریخ کا مطالعہ ضروری ہے۔ مطالعہ کے معنی صرف کتابیں پڑھ لینا نہیں ہیں بلکہ پڑھ کر زندگی کی تواریخی رفتار کو سمجھنا اور اس میں درک حاصل کرنا ہے۔

زمانہ ایک حرکت دوام کا نام ہے جس کی تقسیم نہیں کی جاسکتی۔ تواریخ ایک مسلسل رفتار ہے جس کو کسی نقطے پر روکا نہیں جاسکتا۔ زندگی ایک بے اور چھور بہاؤ ہے جس میں

گرہیں نہیں باندھی جا سکتیں۔ انسان ایک ایسا مسافر ہے جو روز آفرینش سے لے کر (اگر تاریخ میں کوئی ایسا روز ہوا ہے) آج تک نہ جانے کتنے مناظر اور مقامات سے گزر چکا ہے اور ابھی اس کو لا متناہی منزلوں سے گزرنا ہے۔ معاشرت اور تمدن کی ہر منزل پر انسان نے کچھ نہ کچھ پایا ہے جس میں سے بہت کچھ پیچھے چھوڑ کر لیکن کافی حصہ ساتھ لے کر وہ آگے بڑھا ہے۔

"چینی انسان" (Sinan thorpus) "نینڈر تھل" (Neanderthal man) اور "وحشی انسان" کی کتنی خصوصیتیں اور ان کی زندگی کی کتنی علامتیں کلدان، آشورما، بابل، ایران، چین، مصر اور ہندوستان کی پرانی مہذب نسلوں کو ترکے میں ملیں اوران نسلوں کی زندگی کے آثار آج کی ترقی یافتہ قوموں میں آبائی میراث کے طور پر موجود ہیں؟ اس سوال کا جواب دینے کے لئے بڑے وسیع مطالعہ اور بڑی گہری اور بلیغ فکر و بصیرت کی ضرورت ہے۔ ہم کو ماضی کی میراث سے بہت کچھ جواہر پاروں کو اپنا کر نیا سرمایہ بنانا ہے لیکن بہت سے حصے کو کوڑا کرکٹ سمجھ کر پیچھے چھوڑ دینا بھی ہے۔ ہم کو رد بھی نہیں کرنا ہے اور قبول بھی کرنا ہے۔ ہم کو تسلیم اور اجتہاد دونوں سے کام لینا ہے۔ یہ موضوع اپنی جگہ خود بہت وسیع ہے اور طویل بحث چاہتا ہے۔ لیکن چونکہ مجھے میر کی شاعری سے اس وقت واسطہ ہے، اسی لئے اس ردو قول اور تسلیم و اجتہاد کے مسئلہ پر صرف بطور تمہید کے کچھ کہنے کی گنجائش نکال سکا۔

شاعری ہو یا اور کوئی فن، ایک فکریاتی عمل یا حرکت ہے جس کے ذریعہ متمدن انسان کے جذبات و خیالات جو اس خاص دور کے معاشرتی نظام کی نمائندگی اور آئندہ دور کی طرف اشارہ کرتے ہیں، اپنے کو جمالیاتی تصویروں کے ذریعہ ظاہر کرتے ہیں۔ اجتماعی شعور کے اظہار کے مختلف طریقوں میں سے ایک طریقہ کا نام شاعری ہے۔ یہ

اظہار شعوری ہو یا غیر شعوری، لیکن اضطراری یا میکانکی کبھی نہیں ہوتا۔ تخلیقی فن ایک مرکب اور پیچیدہ جدلیاتی عمل کے ذریعہ حقیقت کو نیا جنم دیتا ہے۔

اگر غور کیا جائے تو ہر دور میں شعوری یا غیر شعوری طور پر براہ راست یا بالواسطہ اعلیٰ قسم کی شاعری کی روح رواں اور تصادم اور پیکار رہا ہے جو شاعر خارجی اسباب و حالات میں محسوس کرتا ہے اور خارجی اسباب کو بدلنے اور اس کو نیا اور بہتر روپ دینے کی چھپی یا کھلی ہوئی مگر شدید آرزو ہی کا نام شاعری ہے۔ اسی لئے شاعری میں ایک تخیلی میلان بھی اہم ترکیبی جزو تسلیم کیا جائے گا۔ ہمارے دور سے پہلے انقلاب کی یہ آرزو شاعری میں شعوری اور سطحی طور پر محسوس نہیں ہوتی تھی۔ آج ہماری یہ آرزو واضح، منظم اور بیباک ہو کر علی الاعلان کام کر رہی ہے اور یہ ایک خوش آئند علامت ہے۔

میں نے اب تک جو کچھ کہا ہے اس کی روشنی میں میر کی شاعری کو پڑھنے اور سمجھنے کے لئے بہت ضروری ہے کہ ان کے زمانہ کے معاشرتی ماحول اور ان اسباب و حالات پر جن کے اندر رہ کر میر کی شخصیت کی تعمیر ہوئی، مفصل نظر نہ سہی مگر وقیع نگاہ ضرور ڈالی جائے۔ ہر شخص کی چاہے وہ کتنا ہی ادنی اور ناقابل لحاظ کیوں نہ ہو، دوہری تاریخ ہوتی ہے۔ ایک تو شخصی اور دوسری معاشرتی یا اجتماعی۔

میر کا زمانہ وہ تھا جبکہ سارے ملک میں ایک مستقل تہلکہ مچا ہوا تھا اور دلی جو کہ ملک میں وہی حیثیت رکھتی تھی جو کہ جسم کے اندر دل رکھتا ہے، طرح طرح کے جاں گسل صدمے برداشت کر رہی تھی۔ آٹھ سو برس پرانی تہذیب کی بنیادیں ہل گئی تھیں اور جو نظام معاشرت صدیوں سے مستحکم چلا آرہا تھا اس کے تمام ستون جڑ چھوڑ چکے تھے اور ڈگمگا رہے تھے اور کسی ایسے نئے نظام کا جو صحت بخش اور امید افزا ہو، دور تک پتہ نہیں تھا۔ ملک میں ایک سرے سے دوسرے سرے تک نراج پھیلا ہوا تھا جس سے صرف

سمندر پار کی قومیں فائدہ اٹھا رہی تھیں اور اپنا اقتدار بڑھا رہی تھیں۔ اہل وطن پر ایک ادبار چھایا ہوا تھا جو ہماری آئندہ غلامی کا پیش خیمہ تھا۔

یہ تھا میر کا زمانہ اور ماحول۔ ایسے پر انتشار دور میں ایک بڑا خطرہ یہ ہوتا ہے کہ لوگوں کا عام میلان تصوف یا قنوطیت یا کسی دوسری قسم کی فراریت کی طرف ہو جاتا ہے۔ میر کے دور کے تمام شعراء اپنے دور کی پوری نمائندگی کرتے ہیں۔ چھوٹے سے چھوٹے شاعر سے لے کر خواجہ میر درد، میر اور سودا تک سب کی آوازوں میں کہیں دبی اور کہیں ابھری، کبھی زیر لب اور کبھی کھلے ہوئے شدید طنز کے ساتھ زمانے کی شکایت اور زندگی سے بیزاری کی علامتیں ملتی ہیں۔ یعنی یہ تمام شعرا اپنے زمانے کے حالات سے ناآسودگی کا اظہار کرتے ہیں۔ مگر سودا اور میر کو چھوڑ کر بیشتر شعرا کے اندر شکست خوردگی کا افسردہ کن احساس کام کرتا ہوا معلوم ہوتا ہے، جس سے ان کے لب ولہجہ میں دردمندی کے ساتھ ساتھ ایک چھائی ہوئی اداسی آ گئی ہے۔ سودا کے ہاں البتہ ہم کو غزلوں میں اکثر کچھ ترکانہ انداز اور قصیدوں میں ایک تمسخر آمیز پیرایہ میں ڈانٹ پھٹکار مل جاتی ہے۔ لیکن سودا دوسرے قماش کے آدمی تھے اور میر کے مزاج وطبیعت کا انداز دوسرا تھا۔

میر کے زمانے میں جو عام ابتری پھیلی ہوئی تھی اس کی طرف اشارہ کیا جا چکا ہے۔ مزید تفصیل کے لئے تواریخ کے اوراق موجود ہیں۔ اس تمام فساد و تخریب سے میر جیسی حساس اور پر تامل شخصیت اثر قبول کئے بغیر نہ رہ سکتی تھی۔ اسی کے ساتھ ساتھ میر کو اپنی ذاتی اور خانگی زندگی میں بھی جن حادثات کا مقابلہ کرنا پڑا وہ کم نہ تھے۔ میں ان ذاتی حالات واسباب کا، جنہوں نے میر کی زندگی کو ایک مستقل سولی بنا رکھا تھا، ذکر اپنے اس مضمون میں کر چکا ہوں جو اول اول ایوان بابتہ جنوری ۱۹۳۵ء میں شائع ہوا تھا اور جو بعد کو میرے مجموعے "تنقیدی حاشیے" میں شامل کیا گیا۔ ان تمام سماجی اور معاشرتی اور شخصی

اور ذاتی حوادث اور واردات کو سامنے رکھئے اور میر کی شاعری کا خاص کر ان کی غزلوں کا مطالعہ کیجئے تو معلوم ہو گا کہ میر کی آواز انتہائی شائستگی اور وقار کے ساتھ اپنے زمانے کے سارے کرب واضطراب کو ظاہر کر رہی ہے۔

میر ان بزرگوں میں سے نہیں تھے جو وقتی چہلوں اور عارضی خوش فعلیوں میں غم غلط کر لیتے ہیں۔ ان کا خاندان عالموں اور درویشوں کا خاندان تھا اور آنکھ کھولتے ہی انہوں نے اپنے باپ دادا کو انسانی زندگی پر عبرت اور تامل کی نگاہ ڈالتے ہوئے دیکھا۔ بچپن سے اپنے گھر میں شعر و سخن کے ساتھ ساتھ عشق و معرفت کے چرچے سنتے رہے۔ گرد و پیش کی تمام فتنہ آلود فضا پر نظر رکھئے اور پھر میر کے اپنے ماحول و تربیت کو بھی نہ بھولئے تو میر دنیا کی ان بڑی شخصیتوں میں شمار کئے جانے کے قابل ہیں جو آئندہ نسلوں پر اثر ڈال کر ان کی زندگی کا رخ متعین کرتی ہیں۔

اس سلسلہ میں سب سے بڑی بات جو قابل لحاظ ہے، وہ یہ ہے کہ باوجود اس کے کہ میر صوفیوں اور درویشوں کے گھرانے میں پیدا ہوئے اور سن شعور کو پہنچے، لیکن ان کی شاعری میں تصوف اور معرفت کوئی خاص اہمیت نہیں رکھتے۔ گنانے کے لئے ان کی کلیات میں کچھ ایسی غزلیں اور ایسے اشعار مل جائیں گے جن کو معرفت اور تصوف کی تحت میں لایا جا سکے۔ مگر یہ میر کی وہ کوششیں ہیں جن کا تعلق میر کے اپنے شعور شعری سے نہیں ہے، بلکہ شاعری کے مروجہ روایات اور مفروضات سے ہے۔ میر کی اپنی دھن کچھ اور ہے۔

میر کے بارے میں عام رائے یہ ہے کہ وہ یاس پرست تھے اور ان کی شاعری پر قنوطیت چھائی ہوئی ہے۔ وہ زندگی اور عشق دونوں کے حوصلے ہم سے چھین لیتے ہیں۔ مجھے اس رائے سے ہمیشہ اختلاف رہا۔ میر اپنے دور کی بد حالی اور اپنے نجی سانحات زندگی سے

بغاوت کی حد تک ناآسودہ تھے اور ان کے بیشتر اشعار پر اگر گہری نگاہ ڈالی جائے تو ان کے لہجے میں بغاوت کا ایک مہذب اور پر تمکنت احساس ملے گا۔

ہر دور میں بڑا شاعر وہی ہوتا ہے جو اپنے زمانہ کی کشاکشوں کا خودداری اور وقار کے ساتھ رچے ہوئے اشاروں میں اظہار کرے، لیکن شعر کو پروپگنڈا نہ ہونے دے۔ اسی کے ساتھ ساتھ شاعری کی عظمت کی ایک پہچان یہ ہے کہ وہ آئندہ نسلوں کے اندر بغیر واعظانہ یا مبلغانہ انداز اختیار کئے ہوئے یہ احساس پیدا کر سکے کہ ان کو بھی اپنے زمانے کی نئی مشکلوں اور پیچیدگیوں کا خود اعتمادی کے ساتھ مقابلہ کرنا ہے اور یہ بتائے کہ ہم نے اپنے زمانے کے دکھ درد اور طرح طرح کی خرابیوں کا سامنا جس طرح ہم سے ہو سکا کیا۔ اب تم اپنے دور کی نئی مشکلوں اور اپنی زندگی کے نئے مسائل کا سامنا جس طرح تم سے ہو سکے کرو، اور ان پر فتح پا کر اپنی زندگی کو جس جس طریقے سے ہو سکے سدھارو۔ زندگی یا ادب میں پرانے زمانے کی بلند و بزرگ ہستیوں سے ہم بہت کچھ سیکھ سکتے ہیں، لیکن ہم کو ان کی نقل کرنا نہیں ہے۔ اس لئے کہ ان کے زمانہ کے مسائل کچھ اور تھے، ہمارے زمانے کے مسائل کچھ اور ہیں۔ جو طریقے انہوں نے اختیار کئے ان سے ہمارا کام نہیں چلے گا۔

میر غزل گو شاعر تھے، اور غزل میں آج تک کوئی مرتب اور منضبط پیغام نہیں دیا جا سکا۔ غزل گو عام طور سے عشق و محبت کی زبان میں گفتگو کرتا ہے اور اگر کبھی زندگی کے دوسرے موضوع کا ذکر کرتا ہے تو بھی اس کے لہجے میں وہی سنجیدہ نرمی ہوتی ہے جو عشق کی زبان کی ایک نمایاں خصوصیت بتائی گئی ہے۔ اس لئے اگر کسی غزل گو شاعر کو اپنے زمانے سے کوئی شکایت یا بغاوت ہوتی تھی تو اس کا روپ ایسا بدلا ہوا ہوتا ہے کہ ہم صحیح طور پر اس کو جان پہچان نہیں سکتے، لیکن اگر کوئی رمز شناس اور نکتہ رس مطالعہ کرنے والا

ہو تو اس کو ہر بڑے غزل گو شاعر کے کلام میں ایک مستقل فکری جھکاؤ یا جذباتی میلان ملے گا جس کا تعلق اس کے زمانے اور ماحول سے ہو گا۔

میر کے کلام کو اگر رک رک کر اور کافی غور سے پڑھا جائے تو اس کے اندر ہم کو ان کے زمانے کی ایک عناں گسیختہ فریاد کا احساس ہوتا ہے جو چیخ و پکار کی صورت نہیں اختیار کرنے پاتی۔ میر کے دور کے اور شعراپر بہ استثناء سودا شاید یاس پرستی کا لفظ صادق آتا ہو۔ اس لئے کہ یہ شعراء بیشتر عشق اور روزگار کی اذیتوں سے عاجز ہو کر خود بے بسی کے عالم میں تڑپتے اور تلملاتے ہیں اور پڑھنے والے پر بھی کچھ ایسا ہی اثر پڑتا ہے۔ میر کے کلام میں تڑپنا تلملانا نہیں ہوتا۔ وہ خودداری اور سنجیدگی کے ساتھ بڑی سے بڑی مصیبت کا مقابلہ کرنے کا حوصلہ پیدا کرتے ہیں۔

آلام عشق کا ذکر ہو یا آفات روزگار کا، ان کے اشعار میں جلی یا خفی طور پر یہ اشارہ ضرور پایا جاتا ہے کہ نامساعد حالات واسباب کا جان پر کھیل کر مقابلہ کرو۔ چاہے مخالف قوتوں کے ہاتھ مٹ ہی کیوں نہ جانا پڑے۔ ان کا زمانہ وہ نہیں تھا جو ہمارا ہے۔ اس لئے وہ "قاتل" کے مقابلے میں تلوار سونت کر آنے اور بزن بولنے کی تحریک تو نہیں کر سکتے تھے۔ ان کا انداز تو وہی ہو سکتا تھا جس کو آج کل کی زبان میں مقاومت مجہولی کہتے ہیں اور جواب سے چند سال پہلے ہمارا زبردست حربہ تھا، لیکن میر کے کلام کو واقعی مجہولیت کی تعلیم کہنا درست نہ ہو گا۔ جو شخص خارجی اور شخصی آلام و مصائب کا مقابلہ ایک برتری کے تیور کے ساتھ کرے اور ایسا ہی کرنے کی ہم سب کو ترغیب دے، وہ مجہولیت محض کا قائل نہیں ہو سکتا۔

بہر حال میر خود بڑے جری انسان تھے اور ان کا کلام ہم کو یہ تعلیم دیتا ہے کہ چاہے ہمارے سر سے خون کی موج ہی کیوں نہ گزر جائے، ہم کو "جرأت رندانہ" نہیں بلکہ

"جرأت مردانہ" کے ساتھ تمام صعوبتوں اور آزمائشوں کا مقابلہ ایک سورما کی طرح سے کرنا ہے، چاہے اس سلسلہ میں ہم کو شہید ہی کیوں نہ ہو جانا پڑے۔ میر نے اگر کبھی سر تسلیم خم بھی کیا ہے تو ایک فاتحانہ انداز کے ساتھ اور یہی فاتحانہ انداز اور پر وقار تیور ہیں جو میر سے ہم کو ترکے میں ملے ہیں۔ جو لوگ میر کو شکست خوردہ اور یاس پرست سمجھتے ہیں وہ دھوکے میں ہیں۔ یاس پرستی یا یاس پرستی کی تعلیم میر کے مزاج سے کوئی واسطہ نہیں رکھتی۔ مٹتے مٹتے میر نے اپنے سر کو بلند رکھا۔ یہ اردو شاعری کی تاریخ کا معمولی واقعہ نہیں ہے۔ یہ ہمارے لئے سبق ہے۔ اس سے ہم یہ سیکھتے ہیں کہ پیچیدہ سے پیچیدہ اور خطرناک سے خطرناک حالات میں ہم اپنی اصلیت اور اپنے خیالات اور میلانات کے ناموس کو قائم رکھ سکتے ہیں۔ کچھ اشعار سنئے،

دور بیٹھا غبار میر اس سے
عشق بن یہ ادب نہیں آتا

یہ شعر وہ شخص نہیں لکھ سکتا جس نے معشوق کی غیر مشروط غلامی قبول کر لی ہو۔ تیور کہتے ہیں کہ شاعر عاشق کو معشوق سے برتر سمجھتا ہے اور عشق کو حسن کا پرستار مانتے ہوئے بھی ایک فائق اور زیادہ تربیت یافتہ قوت مانتا ہے۔ دوسرا شعر یہ،

پاس ناموس عشق تھا ورنہ
کتنے آنسو پلک تک آئے تھے

پلک تک آتے ہوئے آنسوؤں کو گرنے نہ دینا اور آنکھوں میں پلٹا لے جانا معمولی کام نہیں ہے اس کے علاوہ ذرا "ناموس عشق" پر غور کیجئے گا۔ شاعر کو حسن کی اتنی پرواہ نہیں ہے۔ وہ عشق کے ناموس کو بہر حال قائم اور سلامت رکھنا چاہتا ہے اور لہجہ اور تیور بتا رہے ہیں کہ اس کو اپنے عشق کے ناموس پر زیادہ اعتماد ہے۔ ایک اور شعر سنئے۔

مرے سلیقہ سے میری نبھی محبت میں
تمام عمر میں ناکامیوں سے کام لیا

ناکامیوں سے کام لینا ہر شخص کے دل گردہ کی بات نہیں ہے۔ اس کے لئے بڑی جری شخصیت کی ضرورت ہے۔ یہ شعر پڑھ کر ناممکن ہے کہ بزدل سے بزدل اپنے اندر ایک نئی جرأت نہ محسوس کرنے لگے۔ مگر اسی شعر میں جرأت اور اعتماد کے علاوہ جو سب سے زیادہ اہم رکن ہے وہ "سلیقہ" ہے۔ ناکامیوں اور نامرادیوں سے کام لینے اور تمام مزاحم اور موانع کے باوجود اپنے مرکز پر قائم رہنے کے لئے بڑے سلیقہ کی ضرورت ہے۔ جو پھوہڑ، خود غرض اور بزدل انسان کی قسمت میں نہیں۔ یہ سلیقہ جواں مردوں اور صرف جواں مردوں کا حصہ ہے۔ شاید یہ شعر ہر صاحب ذوق کو یاد ہو۔

نامرادانہ زیست کرتا تھا
میر کا طور یاد ہے ہم کو 1 اکثر تذکرہ نگاروں نے اس مصرع کو یوں درج کیا ہے۔

یہ محض انفعالیت اور بیچارگی کی آواز نہیں ہے۔ پہلے مصرع میں ایک پندار محسوس ہوتا ہے جو تہذیب اور شائستگی کی تمام منزلوں سے گزر چکا ہو اور جو عام طور سے ایک مجاہد ہی کو زیب دیتا ہے۔ نامراد زندگی کا اس طرح ذکر کرنا کہ وہ بھی گویا اس کے سرکردہ مہمات اور فتوحات میں داخل ہے، بڑی مردانہ فطرت کی علامت ہے۔ "چاک گریباں" کے دو مضامین اردو غزل کے وسیع اور وافر خزانے میں شاید اپنی نظیر نہ رکھتے ہوں،

اب کے جنوں میں فاصلہ شاید نہ کچھ رہے
دامن کے چاک اور گریباں کے چاک میں
پھاڑا تھا جیب پی کے مئے شوق ہم نے میر
مستانہ چاک لوٹتے داماں تلک گئے

دوسرے شعر میں ایک اور ولولہ اور ایک نشاط کار کی جو سرمستی ہے وہ ہمارے اندر زندگی کی نئی تحریک پیدا کرتی ہے۔ ہمارا بھی جی چاہتا ہے کہ ہم بھی اپنی دیوانگی شوق میں وہی مستانہ انداز پیدا کریں جو میر کا انداز تھا اور ہمارے گریباں کے چاک بھی اسی طرح لوٹتے ہوئے دامن سے جاملیں۔

پہلے شعر پر اگر احساس و تامل کے ساتھ غور کیا جائے تو حال کی صورت پر، جو یقیناً حسب مراد نہیں ہے، ایک پر کیف اطمینان اور مستقبل کی ہیئت کے تصور پر جو شاید حال سے بھی زیادہ اپنے منصوبوں اور امیدوں کے برعکس ہو، اس امنگ اور ایسے رچے ہوئے ولولے کا اظہار زندگی کے کارزار میں تھکے سے تھکے اور ہارے سے ہارے مجاہد کے دل میں نیا ذوق عمل اور نشاط امید پیدا کر سکتا ہے۔ لیکن ان تمام باتوں کے لئے ضروری ہے کہ میر کی شاعری کی طرف ہم صحیح بصیرت اور دور رس قوت فکر اور نہایت لطیف اور نازک احساس کے ساتھ قدم اٹھائیں۔ یوں تو یہ شرائط کم و بیش ہر بڑے شاعر کے کلام کا مطالعہ کرنے کے لئے ضروری ہیں، لیکن میر کی نازک شخصیت اور اس سے زیادہ ان کی نازک شاعری کو سمجھنے اور ان سے صحیح اثرات قبول کرنے کے لئے ان شرطوں کے بغیر کام ہی نہیں چل سکتا، ورنہ اندیشہ ہے کہ ہم میر اور ان کی شاعری دونوں کو سمجھنے میں دھوکا کھائیں اور پھر عمر بھر دھوکے میں رہیں۔ یہ تو وہ مقام ہے جہاں۔

شرط اول قدم آنست کہ مجنوں باشی

نہیں تو میر ہی کا کہنا ہمارے بارے میں صحیح ہوگا کہ،

افسوس تم کو میر سے صحبت نہیں رہی

اب سے انیس سال یعنی پوری ایک نسل پہلے جب میں نے میر اوران کی شاعری پر مضمون لکھا تھا تو کچھ لوگ اس خیال سے بہت خوش ہوئے تھے کہ میں نے میر کی شاعری

کی اصل روح پالی ہے اوران کے شعروں میں غم کو نشاط بنانے کی تحریک پاتا ہوں اور کچھ لوگوں ک ایہ خیال تھا کہ میں نے خواہ مخواہ ایک خالص یاس پرست کو نشاطیہ شاعر کی حیثیت سے پیش کرنے کی کوشش کی رہے۔ میں نے دراصل یہ سب کچھ نہیں کیا ہے۔ میرے پاس مضمون کا بھی مرکزی تصور وہی تھا جو اس مضمون کا ہے۔ ذرا تخیل سے کام لیجئے اور سمجھئے۔ ہم ایسے زمانے اور ماحول میں سانس لے رہے ہیں کہ زندگی کی کوئی آرزو پوری نہیں ہو سکتی اور صرف نامرادیوں کا مقابلہ ہے۔ ایسے اسباب وعوارض، ایسے حالات ومواقع چاروں طرف سے ہم کو گھیرے ہوئے ہیں کہ ہم اپنی زندگی کو خاطر خواہ سدھارنے اور فروغ دینے کی سست سے سست کوشش نہیں کرسکتے اور اگر کوئی کوشش کرتے بھی ہیں تو خارجی قوتیں ہم کو ایک دھکے میں مغلوب کرلیتی ہیں۔

ایسی حالت میں کیا ہوگا۔ صرف تین صورتیں ممکن نظر آتی ہیں۔ کچھ لوگ تو ایسے نکلیں گے جو اک دم بھاگ کھڑے ہوں گے اور فرار اور پناہ گزینی کے گوشے ڈھونڈ کر وقتی اور جھوٹی خوش فعلیوں اور خوش باشیوں میں دن گزار دیں گے۔ زیادہ تر ایسے ہوں گے جو شکست کے صدموں سے کلیجہ پکڑ کر بیٹھ جائیں گے اور ساری عمر ناطاقتی اور بے بسی کے عالم میں کراہتے اور روتے بلبلاتے رہیں گے، لیکن کچھ ہستیاں اسی تندی اور تاریکی کی فضا میں ایسی بھی مل جائیں گی جو شکست پر شکست کھانے کے بعد بھی اپنی گردنیں سیدھی اور اپنے سروں کو بلند رکھے ہوں اور اپنے جذبہ بغاوت کو اندر ہی اندر پرورش دے کر اپنی تاب مقاومت کو بڑھارہی ہوں۔ یہ اور بات ہے کہ اس جذبہ بغاوت اور اس تاب مقاومت کو تیور اور لہجے اور عام انداز کے سوا کسی دوسری شکل میں ظاہر نہ کیا جاسکے۔ میر کا شمار اسی مؤخر الذکر کم تعداد جماعت میں ہوگا۔

میر کو غم کا شاعر بتایا جاتا ہے۔ اگر اس سرسری اور مبہم رائے کو تسلیم کرلیا جائے تو

داغ اور میر اور ان کے قبیل کے چند دوسرے شاعروں کو چھوڑ کر اردو غزل کا کون شاعر ہے جو غم پرست نہیں اور جس کی آواز غم کی آواز نہیں۔ خاص کر میر کے دور میں جو اردو غزل کا سب سے بڑا دور مانا جاتا ہے، غم دوستی اور یاس پرستی ہر چھوٹے بڑے شاعر کے خمیر میں داخل تھی اور اس کے کلام کی اصل روح تھی۔ یہاں تک کہ سودا کی غزلوں کا بھی بیشتر حصہ غمناکی ہی کے رنگ میں ڈوبا ہوا ہے۔ سودا جیسا چنچل مزاج رکھنے والا جو قصیدہ اور ہجو کا بھی ایسا ہی ماہر ہو، جب اپنے زمانے کی دھندلی فضا کے دل بجھا دینے والے اثرات سے بچ نہ سکا تو ہم کسی اور کو کیا کہیں۔

ایک بات اور بھی قابل لحاظ ہے۔ سودا کی ہجوؤں کو اچھی طرح غور سے پڑھئے تو پتہ چل جائے گا کہ وہ بھی اپنے زمانے سے شدید ناآسودگی ظاہر کر رہی ہیں۔ یہ دوسری بات ہے کہ یہاں غم نفرت اور حقارت کے جذبہ میں تبدیل ہو گیا ہے۔ جو بالآخر اشعار میں طنز ت، مسخر اور استہزا کی صورت میں نمودار ہو رہے۔ اس سلسلہ میں یہ یاد رکھئے کہ طنز نگار اور مسخرا در پردہ سنجیدہ لوگوں سے زیادہ یاس پرست ہوتا ہے۔ اس کو زندگی میں کوئی حسین اور روشن پہلو نظر نہیں آتا، ورنہ وہ اپنے طنز اور ظرافت کے لئے مواد ہی نہ پائے۔ اس کے علاوہ سودا کے اکثر قصیدے جو نعت اور منقبت میں لکھے گئے ہیں ان کا لہجہ عام طور سے وہی ہے جو ان کی غزلوں کا ہے۔ خاص کر تشبیہیں تو ایسی ہوتی ہیں کہ غزل سے زیادہ عبرت و بصیرت کا احساس پیدا کر کے ہم کو زندگی کی تمام دنیوی قدروں سے دل برداشتہ کر دیتی ہیں۔ یہ سودا کا مزاج نہیں تھا، بلکہ ان کے زمانے کا مزاج تھا۔

ہاں تو ہم کو یہ تسلیم کرنے میں تامل نہیں کہ میر غم کے شاعر ہیں۔ میر کا زمانہ غم کا زمانہ تھا اور اگر وہ غم کے شاعر نہ ہوتے تو وہ اپنے زمانے کے ساتھ دغا کرتے اور ہمارے لئے بھی اتنے بڑے شاعر نہ ہوتے۔ بعد کے ادوار کے لئے وہی بڑا شاعر ہوا ہے جو اپنے

زمانہ کی سچی مخلوق ہو اور اس کی پوری نمائندگی کرے۔ لیکن میر اور ان کے دور کے دوسرے شاعروں کے درمیان آخر فرق کیا ہے؟ اور وہ ہمارے لئے ایسے ناقابل تردید بڑے شاعر کیوں ہیں؟ بات یہ ہے کہ دوسرے یا تو غم غلط کرنے کی کوشش میں لگ گئے یا غم کے شکار اور زندگی کے لئے بیکار ہو کر رہ گئے۔ میر نے غم کو نہ صرف ایک مقدر کی طرح تسلیم کر لیا، بلکہ غم کو زندگی کی ایک نئی قوت میں تبدیل کر دیا۔ ان کے مشہور چار مصرعے سنئے،

ہر صبح غموں میں شام کی ہے میں نے
خونابہ کشی مدام کی ہے میں نے
یہ مہلت کم کہ جس کو کہتے ہیں عمر
مر مر کے غرض تمام کی ہے میں نے

یہ شکست خوردگی یا مغلوبیت یا وہ سپردگی نہیں جو انفعالیت کا نتیجہ ہوتی ہے۔ یہ وہ جذبہ بغاوت ہے جو نفس کی تربیت اور زندگی کی معرفت کی تمام منزلوں سے گزر کر ایک جوہری قوت یا عنصری تاثیر بن گیا ہے۔ میر ان لوگوں میں سے نہیں تھے جو ذاتی محرومیوں اور نامرادیوں میں اس طرح کھو جاتے کہ یہ ہوش باقی نہ رہتا کہ گردوپیش دوسروں پر کیا بیت رہی ہے۔ وہ اپنے اور دوسرے کے غم کو "غم عشق" کی زبان یعنی غزل کے روایتی اسلوب میں بیان کرتے تھے۔ لیکن ان کا پیغام تڑپنا تلملانا اور چھاتی پیٹنا نہیں ہے۔ وہ ان تمام آلام و مصائب میں بھی جو انتہائی شکست کا نتیجہ ہوتی ہے، سینہ تانے رہنے اور سر اونچا رکھنے کا حوصلہ ہمارے اندر پیدا کرتے ہیں۔ میر کا جو انداز اس شعر میں ہے وہی ان کی ساری شاعری کی تاثیر یا تعلیم ہے،

سر کسو سے فرو نہیں ہوتا

حیف بندے ہوئے خدا نہ ہوئے

میر کے کلام کے مطالعہ سے ہمارے جذبات و خیالات اور ہمارے احساسات و نظریات میں وہ ضبط اور سنجیدگی پیدا ہوتی ہے جس کو صحیح معنوں میں تحمل کہہ سکتے ہیں۔ یہ وہ تحمل نہیں جو مجہولیت کا دوسرا نام ہے۔ یہ وہ تحمل ہے جو انسان کی فکری اور عملی قوت میں توازن اور تمکنت اور مزید توانائی پیدا کرتا ہے۔ اسی احساس کے ماتحت میں نے اپنے پہلے مضمون میں لکھا تھا کہ میر کے "بیان میں ایک ٹھہراؤ ہے جیسا کہ اس کے جذبات میں بھی ہے مگر یہ ٹھہراؤ بے بسی اور بیچارگی کا ٹھہراؤ نہیں ہے، بلکہ ضبط اور پندار کا ٹھہراؤ ہے۔ ایسا معلوم ہوتا ہے کہ وہ اضطراب کی باگ تھامے ہوئے ہے جو اگر کہیں مچل جائے تو نہ جانے کتنوں کو مٹا کر رکھ دے۔"

میں اپنی کہی ہوئی بات کو پھر دوہراتا ہوں کہ میر نے غم عشق اور غم زندگی دونوں کو راحت اور مسرت بنا کر زندہ رہنے اور مقابلہ کرنے کے تازہ دم حوصلے میں تبدیل کر دیا۔ "وہ درد کو ایک سرور اور الم کو ایک نشاط بنا دیتے ہیں۔ وہ ہمارے لئے زندگی کی ہیئتوں کو بدل دیتے ہیں۔" میں نے یہ پہلے بھی کہا تھا اور اب بھی کہتا ہوں۔ اسی لئے ان کے کلام کے مطالعہ سے وہ اثر پیدا ہوتا ہے جس کو میں مہذب اور رچی ہوئی مردانگی کہوں گا۔ غالب کا کلام سمجھنا بہت مشکل کام بتایا جاتا ہے۔ مجھے بھی اس رائے سے کوئی اختلاف نہیں ہے، لیکن میر کے بہترین اشعار کی روح تک پہنچنا اس سے بھی زیادہ مشکل کام ہے۔ میر کو محض غم دوست یا قنوطی سمجھنا اس بات کی دلیل ہے کہ ان کی شاعری کا صرف سطحی مطالعہ کیا گیا ہے۔ میر کا مطالعہ کرتے وقت ان کے اس قول کو کبھی نہ بھولئے۔

کس کس طرح سے عمر کو کاٹا ہے میر نے
تب آخری زمانہ میں یہ ریختہ کیا

اب میں بغیر کسی خاص اہتمام یا ترتیب کے ادھر ادھر سے کچھ اشعار منتخب کر کے پیش کرتا ہوں اور پڑھنے والوں سے درخواست کرتا ہوں کہ وہ ان کو سطحی اور سرسری طور سے نہ پڑھیں بلکہ احساس کی پوری شدت اور تخیل کی انتہائی رسائی سے کام لے کر تامل کے ساتھ ان کا مطالعہ کریں،

دل پر خوں کی اک گلابی سے
عمر بھر ہم رہے شرابی سے

کیا ہے گلشن میں جو قفس میں نہیں
عاشقوں کا جلاوطن دیکھا

ہم طور عشق سے تو واقف نہیں مگر ہاں
سینہ میں جیسے کوئی دل کو ملا کرے ہے

کیا کہئے داغ دل ہے، ٹکڑے جگر ہے سارا
جانے وہی جو کوئی ظالم وفا کرے ہے

شکوہ آبلہ ابھی سے میر
ہے پیارے ہنوز دلی دور

جیتے جی کوچہ دلدار سے جایا نہ گیا
اس کی دیوار کا سر سے مرے سایا نہ گیا

دل کہ دیدار کا قاتل کے بہت بھوکا تھا
اس ستم کشتہ سے اک دوز خم بھی کھایا نہ گیا

عشق کا گھر ہے میر سے آباد
ایسے پھر خانماں خراب کہاں

ایسے وحشی کہاں ہیں اے خوباں
میر کو تم عبث اداس کیا
جب نام ترا لیجے تب چشم بھر آوے
اس زندگی کرنے کو کہاں سے جگر آوے
ہمارے آگے ترا جب کسو نے نام لیا
دل ستم زدہ کو ہم نے تھام تھام لیا
یہ جو مہلت جسے کہے ہیں عمر
دیکھو تو انتظار سا ہے کچھ
سحر گہہ عید میں دور سبو تھا
پر اپنے جام میں تجھ بن لہو تھا
ایک محروم چلے میر ہمیں عالم سے
ورنہ عالم کو زمانے نے دیا کیا کیا کچھ
ہو گا کسو دیوار کے سائے میں پڑا میر
کیا کام محبت سے اس آرام طلب کو
مجھی کو ملنے کا ڈھب کچھ نہ آیا
نہیں تقصیر اس نا آشنا کی
مجلس آفاق میں پروانہ ساں
میر بھی شام اپنی سحر کر گیا
اس کے ایفائے عہد تک نہ جیے
عمر نے ہم سے بے وفائی کی

چمن کی وضع نے ہم کو کیا داغ
کہ ہر غنچہ دل پر آرزو تھا
خواہ مارا انہیں نے میر کو یا آپ ہوا
جانے دو یارو جو ہونا تھا ہوا مت پوچھو
جو ہو میر بھی اس گلی میں صبا
بہت پوچھیو تو مری اور سے
نامرادی ہو جس پہ پروانہ
وہ جلاتا پھرے چراغ مراد
ہر طرف ہیں اسیر ہم آواز
باغ ہے گھر ترا تو اے صیاد
جن بلاؤں کو میر سنتے تھے
ان کو اس روزگار میں دیکھا
نامرادی کی رسم میر سے ہے
طور یہ اس جوان سے نکلا
طریق عشق میں ہے رہنما دل
پیمبر دل ہے قبلہ دل خدا دل
برسوں میں اقلیم جنوں سے دو دیوانے نکلے ہیں
میر آوارہ شہر ہوا ہے قیس ہوا ہے بیاباں گرد
یوں پھرتا ہوں دشت و در میں دور اس سے میں سرگشتہ
غم کا مارا آوارہ جوں راہ گیا ہوں بھول کوئی

بات ہماری یاد رہے جی بھولا بھولا جاتا ہے
وحشت پر جب آتا ہے تو جیسے بگولا جاتا ہے

سب پہ جس بار نے گرانی کی
اس کو یہ ناتواں اٹھالایا

بارے دنیا میں رہو غمزدہ یا شاد رہو
ایسا کچھ کر کے چلو یاں کہ بہت یاد رہو

قتل کئے پر غصہ کیا ہے لاش مری اٹھوانے دو
جان سے بھی ہم جاتے رہے ہیں آؤ تم بھی جانے دو

دشت و کوہ میں میر پھرو تم لیکن ایک ادب کے ساتھ
کوہکن و مجنوں بھی تھے اس ناحیئے میں دیوانے دو

تمنائے دل کے لئے جان دی
سلیقہ ہمارا تو مشہور ہے

کوئی ناامیدانہ کرتے نگاہ
سو تم ہم سے منہ بھی چھپا کر چلے

بہت آرزو تھی گلی کی تری
سو یاں سے لہو میں نہا کر چلے

وہ دن گئے کہ آٹھ پہر اس کے ساتھ تھے
اب آ گئے تو دور سے کچھ غم سنا گئے

اے شور قیامت ہم سوتے ہی نہ رہ جائیں
اس راہ سے نکلے تو ہم کو بھی جگا جانا

مصائب اور تھے پر دل کا جانا
عجب اک سانحہ ساہو گیا ہے
نے خوں ہو آنکھوں سے بہا اور نہ ہوا داغ
اپنا تو یہ دل میر کسو کام نہ آیا
لے سانس بھی آہستہ کہ نازک ہے بہت کام
آفاق کی اس کارگہہ شیشہ گری کا
صبح تک شمع سر کو دھنتی رہی
کیا پتنگے نے التماس کیا
میرمت عذر گریباں کے پھٹے رہنے کا کر
زخم دل چاک جگر تھا کہ سلایا نہ گیا؟
ہیں مشت خاک لیکن جو کچھ ہیں میر ہم ہیں
مقدور سے زیادہ مقدور ہے ہمارا
خوش رہا جب تلک رہا جیتا
میر معلوم ہے قلندر تھا
نہیں وسواس جی گنوانے کے
ہائے رے ذوق دل لگانے کے
میرے تغیر حال پر مت جا
اتفاقات ہیں زمانے کے
وصل اس کا خدا نصیب کرے
میر جی چاہتا ہے کیا کیا کچھ

خاک میں مل کے میر اب سمجھے
بے ادائی تھی آسماں کی ادا
موسم گل آیا ہے یارو کچھ میری تدبیر کرو
یعنی سایہ سرو و گل میں اب مجھ کو زنجیر کرو
دل کہ اک قطرہ خوں نہیں ہے بیش
ایک عالم کے سر بلا لایا
جاتا ہے یار تیغ بکف غیر کی طرف
اے کشتہ ستم تری غیرت کو کیا ہوا
تاب کس کو جو حال میر سنے
حال ہی اور کچھ ہے مجلس کا
میں گریہ خونیں کو روکے ہی رہا ورنہ
یک دم میں زمانے کا یاں رنگ بدل جاتا
پائمال صد جفا ناحق نہ ہو اے عندلیب
سبزہ بیگانہ بھی تھا اس چمن کا آشنا
دل نے ہم کو مثال آئینہ
ایک عالم کا روشناس کیا
مستی میں چھوڑ دیر کو کعبہ چلا تھا میں
لغزش بڑی ہوئی تھی و لیکن سنبھل گیا
ہر قدم پر تھی اس کی منزل ایک
سر سے سودائے جستجو نہ گیا

چشم خوں بستہ سے کل رات لہو پھر ٹپکا
ہم نے سمجھا تھا کہ اے میر یہ ناسور گیا

گریباں سے رہا کوتہ تو پھر ہے
ہمارے ہاتھ میں دامن ہمارا

ہم نہ کہتے تھے کہ مت دیر و حرم کی راہ چل
اب یہ دعویٰ حشر تک شیخ و برہمن میں رہا

رہ طلب میں گرے ہوتے سر کے بل ہم بھی
شکستہ پائی نے اپنی ہمیں سنبھال لیا

نہ وے زنجیر کے غل ہیں نہ وے جرگے غزالوں کے
مرے دیوانہ پن تک ہی رہا معمور ویرانا

خاک آدم ہی ہے تمام زمیں
پاؤں کو ہم سنبھال رکھتے ہیں

تلوار کے تلے ہی گیا عہد انبساط
مر مر کے ہم نے کاٹی ہیں اپنی جوانیاں

نہ بھائی ہماری تو قدرت نہیں
کھنچیں میر تجھ سے ہی یہ خواریاں

کچھ موج ہوا پیچاں اے میر نظر آئی
شاید کہ بہار آئی زنجیر نظر آئی

بلبل کی بے کلی نے شب بے داغ رکھا
سونے دیا نہ ہم کو ظالم نہ آپ سوئی

جو دے آرام ٹک آوارگی میر
تو شام غربت اک صبح وطن ہے
بن جی دیے نہیں ہے آساں یہاں سے جانا
بسمل گہہ جہاں میں اب ہم تو میر آئے
کہاں ہیں آدمی عالم میں پیدا
خدائی صدقے کی انسان پر سے
سیر کی ہم نے ہر کہیں پیارے
پھر جو دیکھا تو کچھ نہیں پیارے
مرگ مجنوں پر عقل گم ہے میر
کیا دوانے نے موت پائی ہے
مجھ کو دماغ وصف گل و یاسمن نہیں
میں جوں نسیم بادہ فروش چمن نہیں
بے خودی پر نہ میر کی جاؤ
تم نے دیکھا ہے اور عالم میں
میر کعبہ سے قصد دیر کیا
جاؤ پیارے بھلا خدا ہمراہ
کوشش اپنی تھی عبث پر کی بہت
کیا کریں ہم چاہتا تھا جی بہت
مرنا ہے خاک ہونا ہو خاک اڑتے پھرنا
اس راہ میں ابھی تو در پیش مرحلے ہیں

بگولے کی روش وحشت زدہ ہم
رہے برچیدہ دامن اس سفر میں
قیس و فرہاد پر نہیں موقوف
عشق لاتا ہے مرد کار ہنوز
سر مارنا پتھر سے یا ٹکڑے جگر کرنا
اس عشق کی وادی میں ہر نوع بسر کرنا
نہیں عشق کا درد لذت سے خالی
جسے ذوق ہے وہ مزا جانتا ہے
مقصود کو دیکھیں پہنچے کب تک
گردش میں تو آسماں بہت ہے
گو خاک سے گور ہوئے یکساں
گم گشتگی کا نشاں بہت ہے
باہم جو یاریاں ہیں اور آشنائیاں ہیں
سب ہیں نظر میں اپنی ہم عالم آشنا ہیں
شاید بہار آئی ہے دیوانہ ہے جوان
زنجیر کی سی آتی ہے جھنکار کان میں
ابر اٹھا تھا کعبے سے اور جھوم پڑا میخانے پر
بادہ کشوں کا جھرمٹ ہے گا شیشے اور پیمانے پر

ان اشعار کو پڑھئے اور سمجھ کر اور محسوس کرکے پڑھئے تو یہ فیصلہ کرنے دیں دیر نہ لگے گی کہ تمام بڑے ادیبوں اور مفکروں کی طرح میر بھی اپنے زمانے کے بحران کے

بطن سے پیدا ہوئے تھے اور ان کی شاعری ان تمام مختلف بے چینیوں کی ایک مہذب عکاسی ہے جو ان کے دور کی اصلی روح تھی۔ متقدمین پر تنقید کرتے ہوئے سب سے زیادہ مشکل اور اہم کام یہی ہے کہ ان کو ان کے زمانے کے ساتھ صحیح طور پر منسوب کر سکیں۔

لیکن یہ سوال رہ جاتا ہے کہ میر کے مطالعے سے اب ہم کیا سیکھ سکتے ہیں۔ میں نے جان بوجھ کر ان کے کلام کا ایک طویل اور متنوع انتخاب دیا ہے۔ اس مضمون میں جتنے اشعار درج کئے گئے ہیں ان میں سے بیشتر ایسے ہیں جو عام طور سے مشہور نہیں ہیں اور یہ ہر قسم کے ہیں اور ہر طرح کی ذہنی کیفیت اور ہر انداز کے لمحہ زندگی کی نمائندگی کرتے ہیں۔ غزل کا شاعر ایسا ہی ہوتا ہے اور میر بھی کٹر غزل گو شاعر تھے۔ مندرجہ بالا اشعار کو پڑھئے اور تھم تھم کر پڑھئے تو احساس ہوتا ہے کہ ہمارے کردار اور ہمارے وجود میں نئی نفاست، نئی طہارت، نئی شائستگی کے ساتھ ساتھ نئی بالیدگی بھی آرہی ہے۔

میر کی شاعری ظاہر ہے کہ ہم کو کوئی پروگرام یا دستورالعمل نہیں دیتی اور محض پروگرام یا دستورالعمل دینے والا فنکار اپنی آواز کی زندگی کو زیادہ عرصہ تک قائم نہیں رکھ سکا ہے۔ ہم عملی پروگرام اور دور بہ دور بدلتے ہوئے نعروں کی اہمیت کے تہ دل سے قائل ہیں، لیکن اس کی اپنی ایک جگہ ہے۔ میر جیسے لوگوں سے ہم کو جو کچھ ملتا ہے وہ ہمارے جسم و روح کی تربیت میں ایک لازمی جزو بن کر داخل ہو جاتا ہے۔ نوجوان اور انقلابی تخیل کو ابھی اس حقیقت کو سمجھنا ہے۔ ملٹن کی مشہور سانٹ Avenge Olord! (اے خدا انتقام لے) اپنے زمانے کے ایک خاص واقعے سے متاثر ہو کر لکھی گئی ہے، لیکن آج بڑے بڑے انقلابی کے لئے نئے الہام کا کام کر سکتی ہے۔

میر کی شاعری کا پہلا اثر تو ہمارے اوپر یہ ہوتا ہے کہ اپنے دور کے مظالم اور تشدد ذات کے آگے سر نہ جھکاؤ۔ لیکن اس سے زیادہ زبردست اثر جو ہوتا ہے وہ یہ ہے کہ جو

مناسب اور زمانے کے اعتبار سے ممکن ہے کرو، مگر اپنے اندر چھچھوراپن، سطحیت اور فرومائیگی نہ آنے دو، بلکہ بہر حال سنجیدگی، توازن، شائستگی اور سلیقہ کو قائم رکھو۔ اب آپ خود چاہے میرے دیے ہوئے انتخاب کو، چاہے میر کے مکمل دیوان کو پڑھئے اور فیصلہ کیجئے کہ اس مطالعہ کے بعد آپ پہلے سے بہتر انسان ہوئے کہ نہیں۔ اخیر میں میرا کہنا یہ ہے کہ اکابر متقدمین میں سے ہر ایک کے مطالعے کا یہی اثر ہوتا ہے۔ میر آج ہمارے درمیان نہیں ہیں۔ اگر وہ زندہ ہوتے اور اگر وہ ہمارا نیا میلان اور نیا انداز اور نیا لب ولہجہ نہ اختیار کر سکتے تو بقول خود وہ اتنا تو کرتے ہی ہیں،

تھا میر بھی دیوانہ پر ساتھ ظرافت کے
ہم سلسلہ داروں کی زنجیر ہلا جاتا

اور یہ یاد رہے کہ میر کی ظرافت اوچھے اور سستے قسم کی ظرافت نہیں ہوتی تھی ان کی ظرافت میں سنجیدگی اور بلاغت کی بڑی گہری تہیں ہوئی تھیں۔ عرصہ سے میں اپنی اس شکایت کا اظہار گفتگو اور تحریر میں برابر کرتا رہا ہوں کہ نئی نسل کے اکثر ادیب اور شاعر کلاسیکی ادب سے نہ صرف بے بہرہ ہیں، بلکہ ان کے مطالعے سے گھبراتے ہیں اور بغیر جانے بوجھے اسلاف کے کارناموں کو خرافات سمجھ کر کنارے کر دیتے ہیں، حالانکہ محض خرافات نے بھی انسانی تواریخ کی تعمیر میں نمایاں حصہ لیا ہے۔

حاشیہ

ا۔ اکثر تذکرہ نگاروں نے اس مصرع کو یوں درج کیا ہے۔

میر کی وضع یاد ہے ہم کو

***

مصحفی اور ان کی شاعری

اردو شاعری کی تاریخ میں مصحفیؔ کی ذات کئی اعتبار سے اہم اور قابلِ لحاظ ہے اور وہ ایک ایسی حیثیت کے مالک ہیں جس کے اندر ہم کو ایک عجیب تناقص اور ایک غیر معمولی تضاد نظر آتا ہے۔ ان کی شاعری ہمارے اندر ایک تصادم کا احساس پیدا کرتی ہے۔ یہ تصادم مزاج اور ماحول کا تصادم ہے۔ مصحفیؔ تاریخ کی دو بالکل مختلف فصلوں کی درمیانی کڑی ہیں۔ وہ اردو شاعری کے دو مختلف مدرسوں کے درمیان ایک رابطہ کی حیثیت رکھتے ہیں۔

ایک طرف تو اس دور کی آخری یادگار ہیں، جو میرؔ، وزیر اور سوداؔ جیسے کاملین سے ممتاز ہے اور جس کی سب سے نمایاں خصوصیت خالص تغزل یعنی داخلیت (Subjectivism) ہے۔ دوسری طرف ان سے اس دور کی ابتدا ہوتی ہے جس کو اردو شاعری کا لکھنوی دور کہتے ہیں۔ یہ دور خارجیت کا دور ہے اور تکلف اور ظاہری سجاوٹ کے لیے مشہور ہے۔ اس دور کی سچی نمائندگی کرنے والے انشاؔ، جرأت اور رنگین ہیں۔ یہ وہ زمانہ ہے کہ جب کہ دلی اجڑ چکی ہے اور سلطنت وامارت کی طرح شعر وشاعری اپنا ڈیرہ خیمہ لے کر لکھنو میں آ بسی ہے۔ مصحفیؔ اسی "اجڑے دیار کے رہنے والے تھے۔" جو "پورب کے ساکنوں" میں آپڑے تھے۔ دلی کی وضع اور اس کی سچائی اور معصومیت ان کا خمیر ہو چکی تھی۔ ان کے خون میں وہی معصومانہ تغزل، وہی خلوص شعری حرکت کر

رہا تھا جو میرؔ اور دردؔ کا تر کہ تھا۔

لیکن کرتے کیا، زمانے کی ہوا بدل چکی تھی۔ نیا دیس تھا اور نیا بھیس، زمانہ اور ماحول دونوں خلاف مزاج۔ زمانے کے ساتھ مصالحت کئے بغیر چارہ نہیں تھا۔ انشاؔ کی چہلوں اور جرأت کی طراریوں کے سامنے قدم جمائے رہنا تھا اور اس میں شک نہیں کہ اس آزمائش اور کشاکش کو جس سلیقہ کے ساتھ مصحفی نے نباہا، وہ ہر شخص کا کام نہیں تھا۔ لیکن ان کو پورا احساس تھا کہ وہ غلط زمانے میں پیدا ہوئے، جب کہ اصلی شاعری کی کہیں قدر نہ رہی اور جب کہ شاعری بھی لکڑی اور دنگل کی طرح اکھاڑے کی چیز ہو کر رہ گئی تھی۔ ایک غزل میں جو غالباً طرحی تھی، اسی کا رونا روتے ہیں،

کیا چمکے اب فقط مرے نالے کی شاعری
اس عہد میں ہے تیغ کی بھالے کی شاعری
شاعر رسالہ دار نہ دیکھے نہ ہیں سنے
ایجاد ہے انہیں کی رسالے کی شاعری
ہوں مصحفیؔ میں تاجر ملک سخن کہ ہے
خسروؔ کی طرح یاں بھی اٹالے کی شاعری

غرض کہ مصحفیؔ کی شاعری میں دہلوی اور لکھنوی دونوں دبستانوں کی خصوصیات باہم دست و گریباں نظر آتی ہیں۔ اور وہ بے چارے کفر و ایمان کی کشاکش میں بری طرح مبتلا رہتے ہیں۔ اپنی شخصیت اور اپنی حیثیت کے لحاظ سے تاریخ شعر اردو میں مصحفی بالکل اکیلے ہیں اور کیا اس کے پہلے اور کیا اس کے بعد ان کا ساتھ دینے والا اور ان کی ہم نوائی کرنے والا کوئی نہیں ہے۔ وہ بیک وقت ماضی کی یادگار اور حال کی کشاکش میں مبتلا اور مستقبل کے میلانات کا اشاریہ ہیں۔ متقدمین کے گائے ہوئے راگ نہ صرف ان کے

کانوں میں بلکہ ان کی ہستی کی ایک ایک تہ میں گونج رہے تھے۔ لیکن خود ان کے زمانے میں دوسرے راگوں کی مانگ تھی، جن کے موجد جرأت اور انشآ تھے۔ نتیجہ ایک لطیف اور پر کیف قسم کی انتخابیت یا ہم آہنگی تھی جو مصحفیؔ کے دم سے شروع ہوئی اور انہیں پر ختم ہوئی۔ غور سے مطالعہ کرنے والوں کو مصحفیؔ کے کلام میں اگر ایک طرف اس قسم کا خالص تغزل ملتا ہے،

ترے کوچے اس بہانے مجھے دن سے رات کرنا
کبھی اس سے بات کرنا کبھی اس سے بات کرنا

یا

کبھو تک کے در کو کھڑے رہے کبھو آہ بھر کے چلے گئے
ترے کوچے میں اگر آئے بھی تو ٹھہر ٹھہر کے چلے گئے

یا

کنج قفس میں ہم تو رہے مصحفیؔ اسیر
فصل بہار باغ میں دھومیں مچا گئی

تو دوسری طرف ایسے اشعار کی بھی کثرت ہے جو صرف لکھنوی فضا میں پیدا ہو سکتے تھے اور جو لکھنوی دبستان شاعری کے لیے ہمیشہ سرمایۂ ناز و افتخار رہے ہیں، مثلاً،

آیا لئے ہوئے جو وہ کل ہاتھ میں چھڑی
آتے ہی جڑ دی پہلی ملاقات میں چھڑی

یا

آنکھوں میں اس کی میں نے جو تصویر کھینچ لی
سرمے نے اس کی چشم کی شمشیر کھینچ لی

یا

جنبش لب نے تری میری زباں کر دی بند

تو نے کچھ پڑھ کے عجب مجھ پہ یہ منتر مارا

ظاہر ہے کہ ان اشعار میں محض قافیہ اور ردیف اور رعایات و مناسبات سے مضمون پیدا کئے گئے ہیں اور ان میں جذبات وواردات یا خیالات و افکار کی سچائی سے کوئی سروکار نہیں ہے۔ اس قسم کی شاعری کی بنیاد جس کو مجملاً خارجی شاعری کہتے ہیں، لکھنؤ میں پڑی اور یہیں سے اس نے فروغ پایا۔ کہا جاسکتا ہے کہ اس دبستان شاعری کے بانیوں میں مصحفیؔ بھی تھے، جو مجبور تھے کہ اپنے کو غالب جماعت میں شامل رکھیں۔ قبل اس کے کہ ہم مصحفیؔ کے کلام سے تفصیلی بحث کریں، اگر ان کی زندگی پر بھی ایک سرسری نظر ڈالی جائے تو بے موقع یا غیر متعلق بات نہ ہوگی۔

مصحفیؔ کا اصل نام غلام ہمدانی تھا اور باپ کا نام شیخ ولی محمد، وطن امروہہ ضلع مرادآباد تھا۔ ان کے آباؤاجداد ملازمان شاہی میں سے تھے، عنفوان شباب میں ان کا دلی آنا ہوا اور لکھنؤ آنے سے پہلے برابر دلی ہی میں رہے۔ طبیعت علم و ادب کی طرف بچپن سے مائل تھی اور شعر و سخن سے خداداد مناسبت تھی۔ دلی اس وقت تک ارباب فضل وکمال سے خالی نہیں ہوئی تھی۔ مصحفیؔ نے بہت جلد مروجہ نصاب کے مطابق عربی فارسی میں خاطر خواہ دستگاہ حاصل کی۔ وہ خود اپنے تذکرے "ریاض الفصحا" میں لکھتے ہیں کہ تیس سال کی عمر میں انہوں نے شاہ جہاں آباد میں فارسی نظم و نثر کی تکمیل کرلی تھی اور پھر لکھنؤ پہنچ کر مولوی مستقیم ساکن گوپا مئو سے عربی علوم یعنی طبیعی الٰہی اور ریاضی وغیرہ میں مہارت حاصل کی۔

قانونچہ مولوی مظہر علی صاحب سے پڑھا، آخر عمر میں تفسیر اور حدیث کے مطالعہ

کی طرف مائل ہوئے۔ عربی میں ان کو ایسی قدرت حاصل تھی کہ قریب ایک جزو غزلیات اور سو دو سو نعتیہ قصیدے اس زبان میں بھی کہے، جو طاق پر دھرے دھرے نم زدگی گی کے سبب سے کرم خوردہ ہو کر غارت ہو گئے۔ غرض کہ مصحفی نہ صرف شاعر تھے، بلکہ خاصے عالم و فاضل تھے۔ فارسی میں دو دیوان لکھے تھے۔ ایک تو دلی میں چوری گیا۔ یہ دیوان مرزا جلال اسیر اور ناصر علی کے رنگ میں تھا۔ اس شعر میں اسی دیوان کی طرف اشارہ ہے،

اے مصحفی شاعر نہیں پورب میں ہوا میں
دلی میں بھی چوری مرا دیوان گیا تھا

دوسرا دیوان باقی رہا جو بعض کتب خانوں میں اب بھی موجود ہے۔ فارسی کلام کا نمونہ یہ ہے،

مدتے شد کہ میان من واو آشتی است
کیست آں کس کہ کنوں می دہد آزار مرا

مرکب اندازکہ میدان تگ و تازے ہست
دررہت سینہ سپر عاشق جانبازے ہست

مائل سوختم شعلۂ آوازے ہست
درکمین دل من زمزمہ پردازے ہست

نیست نومیدیم ازتو کہ دگر چشم ترا
سوئے آئینہ نگاہے غلط اندازے ہست

درونِ خانہ تواے نازنیں چہ میدانی
کہ گفتہ شد سر بازار داستاں کسے

یہ منتخب اشعار سے انتخاب تھا۔ اس سے اندازہ کیا جا سکتا ہے کہ مصحفیؔ کے فارسی کلام میں کوئی خاص بات نہیں ہے بلکہ زبان اور مضامین دونوں کے اعتبار سے ان کا یہ کلام ڈھیلا اور پھسپھسا معلوم دیتا ہے۔

جب دلی اجڑی اور اہل علم و فن کی رہی سہی محفل بھی برہم ہوئی تو مصحفیؔ نے بھی رخت سفر باندھا اور لکھنؤ کی راہ لی۔ یہ آصف الدولہ کا زمانہ تھا۔ دلی چھوڑ کر مصحفیؔ سب سے پہلے ٹانڈہ (ضلع فیض آباد) پہنچے اور قیام الدین قائم کے توسط سے نواب محمد یار خاں کے دربار میں ملازم ہوئے۔ کچھ دنوں اس طرح فکر معاش کی جانکاہیوں سے آزاد رہے اور یک گونہ سکون کے ساتھ بسر اوقات کی۔ نواب محمد یار خاں کے زوال کے بعد لکھنؤ آئے اور پھر دلی چلے آئے، اس نیت سے کہ اب استغناء اور قناعت کے ساتھ پاؤں سمیٹ کر یہیں رہیں گے لیکن سفاک زمانے نے ان کا یہ عہد پورا نہ ہونے دیا اور معاش کی صورت نہ نکل سکی۔ آخر کار پھر لکھنؤ آئے اور اب کے مرزا سلیمان شکوہ کی سرکار میں ملازم ہوئے، لیکن معلوم ہوتا ہے کہ فراغت اور آزادی کے دن ان کو پھر نصیب نہیں ہوئے۔ لطفؔ "گلشن ہند" میں لکھتے ہیں، "بالفعل کہ دو سو پندرہ ہجری میں۔۔۔ چودہ برس سے اوقات لکھنؤ میں بسر ہوتا ہے۔ ضیق معاش تو ایک مدت سے وہاں نصیب اہل کمال ہے۔ اسی طور پر درہم برہم اس غریب کا بھی احوال ہے۔" مصحفیؔ کا ایک شعر ہے،

سنے ہے مصحفیؔ اب تو بھی فی الحال
منڈا کر سر کو ہو جانا فارغ البال

بے چارے آخر کار یہی کرنا پڑا۔ جس شعور کی تربیت دلی میں ہوئی تھی، اس کو لکھنؤ پہنچ کر اپنا مزاج اور لب و لہجہ دونوں بدل دینا پڑا اور جمہور کو قائل کرنے کے لیے ایسی طرز اختیار کرنا پڑی، جس سے اگر مصحفی دلی میں رہ جاتے تو یقیناً اپنے کو علیحدہ رکھتے لیکن

فضا اور ماحول سے بغاوت کرنا نہ ہر شخص کے بس کی بات ہے اور نہ خطرات سے خالی۔ مصحفیؔ مجبور تھے کہ اس قسم کے شعر کہہ کر عوام سے داد لیں اور انہیں کو معراج شعری سمجھیں۔

نہ کھینچے خامہ مو ایسی تمثال
کہ وہ ہے عاشقوں کی ناک کا بال

یا

جو دیکھیں انگلیاں وہ گوری گوری
بنا خورشید پانی کی کٹوری

لیکن مصحفیؔ کے کلام کا یہ حصہ بھی جو لکھنؤ کا ساختہ و پرداختہ ہے، اگر غور سے پڑھا جائے اور اس پر گہری ناقدانہ نظر ڈالی جائے تو صاف محسوس ہوتا ہے کہ شاعر اصلاً و فطرتاً لکھنؤ کا شاعر نہیں ہے۔ ان کی زبان اور ان کے اسلوب میں یہاں بھی ایک اندرونی فضائی کیفیت ہوتی ہے، جو ایک نرمی اور ایک گداز لیے ہوئے ہوتی ہے اور جو بہت واضح طور پر خوش نوایان دلی کے گائے ہوئے راگ کا آخری ارتعاش معلوم ہوتی ہے۔

لکھنؤ پہنچ کر مصحفیؔ کی شاعری نے دیکھتے ہی دیکھتے میں اتنی شہرت حاصل کرلی کہ ہر طرف سے شاگردوں کی آمد شروع ہوگئی۔ یہ تو امر مسلم ہے کہ جتنے شاگرد مصحفیؔ کو نصیب ہوئے، کسی دوسرے اردو شاعر کو نہیں ہوئے۔ خود مصحفیؔ کو اس پر ناز ہے۔ "ریاض الفصحا" میں لکھتے ہیں، "درزبان اردوئے ریختہ قریب صد کس امیر زادہا و غریب زادہا بحلقۂ شاگردی من آمدہ باشند و فصاحت و بلاغت از من آموختہ۔"

دواوین کے علاوہ مصحفیؔ نے نثر میں کئی کتابیں لکھی ہیں۔ جن میں تین تذکرے شاعروں کے ہیں، جو مشہور ہیں اور چھپ گئے ہیں۔ ان میں سے دو "ریاض الصفحا" اور

"تذکرۂ ہندی" میں اردو شاعروں کا ذکر ہے۔ تیسرا یعنی "عقد ثریا" چند فارسی شعراء کا ایک مختصر سا تذکرہ ہے۔ مصحفی نے چوں کہ عمر طویل پائی اس لیے اکثر متقدمین و متاثرین کے ہم عصر رہے۔ ان تذکروں میں شاعروں کی بابت جو کچھ لکھا ہے، وہ تاریخی اعتبار اور اہمیت رکھتا ہے اور پھر چوں کہ مصحفی سخن سنج تھے۔ اس لئے کلام پر رائے عموماً جچی تلی دیتے ہیں اور کلام کا جو انتخاب دیتے ہیں، وہ ان کے مذاق سلیم پر دلالت کرتا ہے۔ "ریاض الفصحا" سے معلوم ہوتا ہے کہ ایک رسالہ عروض میں لکھا تھا۔ جس کا نام "خلاصۃ العروض" تھا اور ایک کتاب فارسی محاورات پر تھی جس کا نام "مفید الشعراء" بتاتے ہیں۔

مصحفیؔ، جیسا کہ بتایا جا چکا ہے، اردو شاعری کے دو مختلف زمانوں اور دو مختلف مدرسوں کو ملاتے ہیں۔ ایک طرف تو انھوں نے میرؔ اور سوداؔ کا آخری زمانہ دیکھا اور دوسرے طرف انشاءؔ اور جرأتؔ کے ساتھ مشاعرے اور مطارحے کر رہے تھے۔ ان کی غزلوں میں جہاں میرؔ، سوزؔ اور دردؔ کی خصوصیات ملتی ہیں، وہیں پہلو بہ پہلو انشاء اور جرأت کا رنگ بھی کافی نمایاں نظر آتا ہے۔ بالخصوص جرأت کی ریس تو وہ سعی و کاوش کے ساتھ کرتے ہوئے معلوم ہوتے ہیں، لیکن اندازے سے معلوم ہوتا ہے کہ خود ان کو دلی کے متغزلین کا ہم آہنگ ہونا مرغوب تھا اور یہ کہنا بعید از قیاس نہ ہوگا کہ جب تک دلی میں رہے، اسی آہنگ سے شعر کہتے رہے۔ چنانچہ میر حسن نے اپنے "تذکرۂ شعرائے اردو" میں مصحفیؔ کے کلام کا جو انتخاب دیا ہے، ان میں شاید ہی دو چار اشعار ایسے نکلیں جن پر لکھنوی رنگ کا دھوکہ ہو اور میر حسن جس وقت اپنا تذکرہ لکھ رہے تھے، مصحفیؔ شاہجہاں آباد ہی میں تھے اور تجارت کرتے تھے۔

مصحفیؔ ایک زبردست قوت آخذہ کے مالک تھے اور جیسا کہ اس سے پہلے بھی ایک مرتبہ کہہ چکا ہوں ان کی سب سے بڑی انفرادی خصوصیت تقلید اور انتخابیت ہے، یعنی

دوسروں کے اثرات کو اخذ کرنے کا ان میں خاص ملکہ تھا، جس کا نتیجہ یہ ہے کہ بقول آزادؔ کے، "غزلوں میں سب رنگ کے شعر ہوتے تھے۔ کسی طرز خاص کی خصوصیت نہیں۔ مصحفیؔ انتخاب اور تقلید کی طرف فطرتاً مائل نظر آتے ہیں۔ اس سے ان کو فائدہ بھی پہنچا اور نقصان بھی۔

فائدہ تو یہ پہنچا کہ متقدمین کے رنگ کو ان کلام میں اس طرح جذب کر لیا کہ وہ گویا ان کا رنگ تھا مگر اسی کے ساتھ اپنے وقت کی خصوصیات اور میلانات پر بھی نظر رکھی، جس کا نتیجہ یہ ہوا کہ اردو شاعری کی دنیا میں ان کا مرتبہ انشاءؔ اور جرأتؔ اور دوسرے معاصرین سے بہت بلند رہا اور ان اساتذہ کے مقابلے میں آج تک غزل گو شعراء مصحفیؔ کی شاعری سے زیادہ اثر قبول کرتے اور فیض اٹھاتے رہے لیکن اسی تقلید سے مصحفیؔ کو نقصان یہ ہوا کہ خواہ مخواہ زمانہ سازی کی غرض سے انشاءؔ اور جرأت کی طرز میں اپنی قوت ضائع کرنے لگے، جس سے ان کو کوئی طبعی مناسبت نہیں تھی۔ مگر یہ ہونا تھا۔ قوت آخذہ جب ضرورت سے زیادہ بڑھ جائے تو اکثر ماصفا اور ماکدر میں امتیاز کرنے سے قاصر رہ جاتی ہے۔

مصحفیؔ اگرچہ انشاءؔ اور جرأتؔ کے ہم عصر ہیں لیکن ان کے ان اشعار سے قطع نظر کرنے کے بعد بھی جن میں صاف میرؔ اور سوداؔ کے انداز پائے جاتے ہیں، وہ بالعموم زبان اور محاورات میں اپنے زمانے سے الگ رہتے ہیں اور ان متقدمین کے عہد سے قریب۔ آزادؔ نے ان کو میر سوز، سوداؔ اور میر کا آخری ہم زبان بتایا ہے۔ اور جس کسی نے بھی مصحفی کے کلام کا مطالعہ کیا ہے، اس کو اس رائے سے اتفاق ہو گا۔ ان کی زبان میں وہی ملائمت اور گداختگی ہے جو میرؔ کے عہد کی عام خصوصیت تھی اور ان کے لب و لہجہ اور اسلوب میں وہی نرمی اور مسکینی ہے جو پھر کبھی کسی دوسرے کو نصیب نہیں ہوئی۔ مصحفیؔ

کے یہاں ایسے اشعار کی تعداد کافی ہے، جن پر میر سوزؔ اور میرؔ اور ان کے دوسرے معاصرین کا دھوکہ ہو سکتا ہے۔ مثلاً،

ہم سمجھے تھے جس کو مصحفیؔ یار
وہ خانہ خراب کچھ نہ نکلا

آ کے میری خاک پہ کل گردوباد
دیر تلک خاک بسر کر گیا

جب واقف راہ وروش ناز ہوئے تم
عالم کے میاں خانہ برانداز ہوئے تم

مصحفی آج تو قیامت ہے
دل کو یہ اضطراب کس دن تھا

تم رات وعدہ کر کے جو ہم سے چلے گئے
پھر تب سے خواب میں بھی نہ آئے بھلے گئے

او دامن کو اٹھا کے جانے والے
ٹک ہم کو بھی خاک سے اٹھالے

ان اشعار میں جو شکستگی اور سپردگی پائی جاتی ہے وہ کچھ میرؔ، دردؔ، اور قائم وغیرہ ہی کی یاد تازہ کرتی ہے۔ ظاہر ہے کہ اس مزاج وطبیعت کا آدمی انشاؔ وجرأتؔ کا حریف نہیں ہو سکتا تھا، یہ ان کی بدنصیبی تھی کہ ان کو ایسے بھانڈوں سے پالا پڑا۔ جہاں تک شاعری اور اس کی فطرت کا سوال ہے، مصحفیؔ اور انشاؔ میں کوئی مناسبت نظر نہیں آتی۔ آزادؔ نے آب حیات میں انشا کو جو مصحفیؔ سے اس قدر بڑھا چڑھا کر دکھایا ہے وہ ان کا محض تعصب ہے۔ مصحفیؔ کے متعلق ان کا یہ کہنا یقیناً صحیح ہے کہ "ذرا اکڑ کر چلتے ہیں تو ان کی شوخی

بڑھاپے کا ناز بے نمک معلوم دیتا ہے۔" مصحفی کی فطرت میں اکڑنا نہیں ہے اس لئے ان کو اکڑنا زیب نہیں دیتا لیکن اکڑنے کا نام شاعری نہیں ہے۔ شوخی اور طراری کو دراصل شاعری اور بالخصوص غزل گوئی سے کوئی تعلق نہیں، انشا کی تیزی اور طباعی مسلم، ان کی علمی قابلیت بھی مسلم مگر ان کے اندر وہ خصوصیات بہت کم تھیں جو تغزل کی جان ہوتی ہیں۔ اور جو تھیں وہ ہمارے کسی کام کی نہیں۔ اس لیے کہ خود شاعر نے ان کا صحیح استعمال نہیں کیا۔

آزاد نے انشا کے متعلق میاں بے تاب کی رائے نقل کی ہے، "سید انشا کے فضل وکمال کو شاعری نے کھویا اور شاعری کو سعادت علی خاں کی مصاحبت نے ڈبویا۔" اس میں اتنا تو ہم بھی مانتے ہیں کہ ان کے فضل وکمال کو ان کی شاعری نے کھویا لیکن جہاں تک ان کی شاعری کا تعلق ہے ہم کو ایسا معلوم ہوتا ہے کہ اگر سعادت علی خاں کی مصاحبت نہ ہوتی تو بھی وہ ڈوبی ہی تھی۔ آخر مصحفی کی شاعری کو کسی نے کیوں نہیں ڈبویا، انشاء اگر خود ایسے نہ ہوتے تو سعادت علی خاں کی مصاحبت ان کا کچھ نہ بگاڑ سکتی بلکہ شاید اس مصاحبت کو ضرورت سے زیادہ دخل ہی نہ ہوتا۔

بہرحال جہاں تک غزل سرائی کا تعلق ہے، انشاء اور مصحفی کا کوئی مقابلہ نہیں۔ جرأت غزل سرا ضرور تھے لیکن ان کی غزل سرائی تمام خارجی انداز کی تھی۔ انہوں نے ایک بالکل دوسری دھن اختیار کی، یعنی معاملہ بندی اور ادابندی۔ اردو میں انداز ادا اور معاملہ کی شاعری (Poetry of Belaviour) جرأت سے شروع ہوتی ہے۔ لکھنوی دبستان شاعری کے بانی دراصل جرأت تھے۔ لکھنؤ کے شاعروں کا طرۂ امتیاز خارجیت ہے جو اس تکلف اور تصنع کی ذمہ دار ہے جس کو ہم لکھنؤ کے ساتھ مخصوص کرتے ہیں۔

مصحفی کو فطرتاً ان راگوں سے رغبت تھی جو متقدمین گا گئے تھے۔ اس دعویٰ کے

ثبوت میں ان کی عشقیہ مثنوی "بحر المحبت" بھی پیش کی جا سکتی ہے جو انہوں نے میرؔ کی مثنوی "دریائے عشق" کو سامنے رکھ کر لکھی ہے اور جس میں اس بات کی پوری کوشش کی ہے کہ میرؔ کی ہو بہو نقل اتار کر رکھ دیں۔ مصحفیؔ کی مثنوی کو میر حسنؔ کی مثنوی سے کوئی مشابہت نہیں ہے، حالانکہ میر حسنؔ بھی مصحفیؔ کے معاصرین میں سے تھے۔

پہلے ہم مصحفی کے اس کلام کی طرف متوجہ ہونا چاہتے ہیں جس پر متقدمین بالخصوص میرؔ کا نرم اور پر گداز تغزل چھایا ہوا نظر آتا ہے۔ میرؔ وغیرہ کا جہاں مصحفیؔ نے تتبع کیا ہے، وہاں اپنے رنگ کو ان لوگوں کے رنگ سے کافی ملا دیا ہے اور خود انہیں لوگوں میں مل جل گئے ہیں۔ مصحفیؔ کی شاعری کا مطالعہ کر کے ماننا پڑتا ہے کہ شاعر کا کام قدیم رسوم و روایت کو اپنے اندر جذب کر کے محفوظ رکھنا ہے۔ اگر وہ اس قابل ہیں۔ شاعر کا یہ فرض ہے کہ ادب اور زندگی کے روایات میں سے ان عناصر کو لے لے جو زمانی اور مکانی خصوصیات سے محدود نہ ہوں۔ شاعر اور نقاد دونوں کی نظر ادب کے ان اجزا پر ہونا چاہیے جن میں بقا اور ارتقا کی صلاحیت ہو۔

مصحفیؔ نے یہی کیا ہے۔ انہوں نے پرانے اسالیب و صور کو اختیار کر کے نہ صرف زندہ رکھا ہے بلکہ ان کو از سر نو ترتیب دے کر ان کے اندر نئے امکانات پیدا کئے ہیں۔ ان کی زبان اگرچہ میرؔ، دردؔ اور سوداؔ کے مقابلے میں زیادہ منجھی اور کسی ہوئی ہے لیکن ان میں درد مندی، دل برشتگی اور سوز و گداز کافی حد تک وہی ہے جس کو ان بزرگوں سے منسوب کیا جاتا ہے اور اس کی وجہ یہ ہے کہ ان کے اندر وہی خلوص اور محویت، وہی عاشقانہ انفعال اور خود گزاشتگی ہے، جو غزل کی جان ہے اور جو میرؔ و دردؔ کا مخصوص انداز ہے۔ دو شعر ملاحظہ ہوں،

یاد ایام بے قراریٔ دل

وہ بھی یارب عجب زمانہ تھا

اب کہاں ہم کہاں وہ کنج قفس

کوئی دن واں بھی آب ودانہ تھا

یہ غزل میر آثر کی اس مشہور غزل پر کہی گئی ہے جس کے تین شعر یہ ہیں،

کبھو کرتے تھے مہربانی بھی

آہ وہ بھی کوئی زمانہ تھا

کیابتادیں کہ اس چمن کے بیچ

کہیں اپنا بھی آشیانہ تھا

ہوشیاروں سے مل کے جانوگے

کہ اثر بھی کوئی دوانہ تھا

مصحفیؔ کے اشعار بھی خاص وعام کی زبانوں پر چڑھ کر ضرب المثل ہو جانے کی اسی قدر صلاحیت رکھتے ہیں، جس قدر میر آثر کے اشعار، لیکن مصحفیؔ اپنی پر گوئی اور ہمہ رنگی کی وجہ سے اکثر خسارے میں رہتے ہیں۔ ورنہ خالص تغزل کے رنگ میں ان کے وہاں کافی شعر موجود ہیں۔ مثال کے طور پر ان اشعار پر غور کیجیے،

مت میرے رنگ زرد کا چرچا کرو کہ یاں

رنگ ایک سا کسی کا ہمیشہ نہیں رہا

مصحفیؔ ہم تو یہ سمجھے تھے کہ ہوگا کوئی زخم

تیرے دل میں تو بہت کم رفو کا نکلا

تجھے اے مصحفیؔ کیا ہے خبر درد محبت کی

نہ اے بے درد میرے سامنے لے نام درماں کا

صدمے سو دل پہ ہوئے ہم نے نہ جانا کیا تھا
ہائے رے ذوق وہ الفت کا زمانہ کیا تھا
کہتا نہ تھا میں اے دل جانانہ اس گلی میں
آخر تو مجھ پہ آفت خانہ خراب لایا

میرؔ، دردؔ اور اثرؔ کی ایک ممتاز خصوصیت یہ بھی ہے کہ وہ اکثر چھوٹی چھوٹی سادہ اور شگفتہ بحریں اختیار کرتے ہیں جن میں بجائے خود وہ گداز اور بے ساختہ پن ہوتا ہے، جس کا دوسرا نام تغزل ہے اور ان بحروں میں انہوں نے وہ اشعار نکالے ہیں، جو ان کا حاصل عمر ہے۔ مصحفیؔ کو بھی انہیں اکابرین متغزلین کی طرح چھوٹی اور دل آویز بحروں کے ساتھ خاص انس ہے، جن میں انہوں نے بڑے پر تاثیر اشعار کہے ہیں۔ مصحفیؔ کی ان غزلوں کو پڑھیئے، تو ان پر اور بھی متقدمین کے رنگ کا دھوکہ ہوتا ہے۔ البتہ مصحفیؔ جو چھوٹی بحریں اختیار کرتے ہیں ان میں میرؔ، دردؔ اور اثرؔ کی چھوٹی بحروں کے مقابلے میں اکثر لوچ اور ترنم زیادہ ہوتا ہے اور اس کا سبب یہ ہے کہ انہوں نے لکھنؤ کی نئی فضا کے بہترین عناصر کو بھی اپنی شاعری میں جذب کر لیا ہے۔ کچھ اشعار سنئے،

خواب تھا یا خیال تھا کیا تھا
ہجر تھا یا وصال تھا کیا تھا
شب جو دل دو دو ہاتھ اچھلتا تھا
وجد تھا یا وہ حال تھا کیا تھا
جس کو ہم روز ہجر سمجھے تھے
ماہ تھا یا وہ سال تھا کیا تھا
مصحفیؔ شب جو چپ تو بیٹھا تھا

کیا تجھے کچھ ملال تھا کیا تھا
مصحفیؔ یار کے گھر کے آگے

ہم سے کتنے نکھرے بیٹھے ہیں
تلوار کو کھینچ ہنس پڑے وہ

ہے مصحفیؔ کشتہ اس ادا کا
فلک گر ہنساتا ہے مجھ پر کسی کو

میں ہنس کر فلک کی طرف دیکھتا ہوں
یار کا صبح پر ہے وعدۂ وصل

ایک شب اور ہی جئے ہی بنی
رکھاتہ خاک مصحفیؔ کو

آرام تمام ہو چکا اب
کہہ دے کوئی جا کے مصحفیؔ سے

ہوتی ہے بری یہ چاہ ظالم
کیا کریں جا کے گلستاں میں ہم

آگ رکھ آئے آشیاں میں ہم
مصحفیؔ عشق کر کے آخر کار

خوب رسوا ہوئے جہاں میں ہم
غم دل کا بیان چھوڑ گئے

ہم یہ اپنا نشان چھوڑ گئے
صفحۂ روزگار پر لکھ لکھ

شفق کی داستاں چھوڑ گئے

یہ مصحفیؔ کا وہ تغزل ہے جو ان کو متقدمین سے بالکل گھلا ملا دیتا ہے۔ جذبات میں وہی سادگی اور خلوص ہے۔ انداز بیان میں وہی بھولا پن ہے، الفاظ اور ان کی بندش میں وہی بے تکلفی اور سہولت ہے۔

لیکن ادبی انتخابیت (Literary Flecticism) میں سب سے بڑی خرابی یہ ہوتی ہے کہ وہ کبھی کسی ایک رنگ پر قناعت نہیں کرتی اور بعض اوقات وہ رنگ بھی اختیار کر لیتی ہے جس کو چھوڑے رہنا ہی بہتر ہوتا۔ اسی انتخابیت کا نتیجہ یہ ہوا کہ آج اگر مصحفیؔ کے کلام کا کوئی نقاد ان پر یہ الزام لگائے کہ وہ کسی خاص طرز کے ماہر نہیں ہیں تو اس کی تردید مشکل سے کی جا سکتی ہے۔ متقدمین ہی میں لے لیجئے۔ جہاں مصحفیؔ نے میرؔ، سوداؔ، دردؔ اور اثرؔ وغیرہ کے رنگ کی تقلید کی ہے، وہیں سوداؔ کی تقلید بھی کچھ کم نہیں کی اور اکثر سنگلاخ زمینوں میں مرکب اور طویل ردیفوں کے ساتھ غزلیں لکھی ہیں۔ جن میں صرف تکلف اور تصنع برتا جا سکتا ہے اور تغزل کو نباہا نہیں جا سکتا۔ کہا جا سکتا ہے کہ اگر انشاء کے دور میں نہ پیدا ہوئے ہوتے اور ان کو ایسے معرکوں میں نہ شریک ہونا پڑتا تو شاید وہ اس روش سے احتراز کرتے، یہ کہنا ایک حد تک تو صحیح ہو گا لیکن مصحفیؔ کی طبیعت ضرورت سے زیادہ ہمہ گیر اور وسیع واقع ہوئی تھی۔

انشاءؔ سے مقابلہ نہ بھی ہوتا تو بھی وہ ہر رنگ میں طبع آزمائی ضرور کرتے۔ تاہم اس سے انکار نہیں کیا جا سکتا کہ جس رنگ کو بھی انہوں نے اختیار کیا، اس میں نہ صرف اپنی استادی اور کمال فن کا ثبوت دیا بلکہ غزل کی آبرو بھی رکھ لی۔ یہ سچ ہے کہ مشکل اور ٹیڑھی زمینوں میں وہ انشاؔ کے سامنے مشکل سے ٹھہرتے نظر آتے ہیں لیکن اگر اس غیر مناسب موازنہ کو نظر انداز کر دیا جائے تو خود اپنی جگہ مصحفیؔ اپنے فن کے تنہا ماہر ہیں،

زبان اور محاورہ اور شاعری کے رسوم و آداب کی تہذیب و تحسین میں ان کا درجہ انشاؔ سے کہیں زیادہ بلند ہے۔ پر تکلف زمینوں میں چند اشعار مثالاً درج کئے جاتے ہیں،

پیری سے ہو گیا یوں اس دل کا داغ ٹھنڈا
جس طرح صبح ہوتے کر دیں چراغ ٹھنڈا

اس طرح انشاؔ کی غزل مصحفیؔ کی غزل سے بڑھی چڑھی معلوم ہوتی ہے جس کا مطلع یہ ہے،

پر تو سے چاندنی کے ہے صحن باغ ٹھنڈا
پھولوں کی سیج پر آ، کر دے چراغ ٹھنڈا

لیکن مصحفی کی غزل نہ صرف لطف زبان، حسن محاورہ، الفاظ کے رکھ رکھاؤ اور دوسرے عصری میلانات کے لحاظ سے ایک دلکش نمونہ ہے، بلکہ اس کے اندر وہ متانت، وہ گھلاوٹ، وہ نرمی اور وہ دل گداختگی پورے طور پر موجود ہے جو غزل کے ترکیبی عناصر میں داخل ہیں اور جن کے لئے اس سے پہلے کا دور مشہور ہے۔ مصحفیؔ کے دیوان میں ایسی غزلیں بھی کافی تعداد میں ہیں، جن کے لطف کا دارومدار ردیفوں پر ہے لیکن جو اپنے اندر پوری غزلیت بھی رکھتی ہیں۔ یہ غزل مشہور ہو چکی ہے،

جو پھرا کے منہ کو اس نے بہ قفا نقاب الٹا
ادھر آسماں الٹا ادھر آفتاب الٹا

میں عجب یہ رسم دیکھی کہ بروز عید قرباں
وہی ذبح بھی کرے ہے وہی لے ثواب الٹا

بہ سوال بوسہ اس نے مجھے رک کے دی جو گالی
میں ادب کے مارے اس کو نہ دیا جواب الٹا

اسی طرح انشاؔ کی بھی غزل ہے اور جہاں تک بیان کے زور اور انداز کے بانکپن کا تعلق ہے، ان کی غزل مصحفیؔ کی غزل سے ممتاز ہے۔ اس میں وہی طراری اور چنچل پن ہے جو انشاؔ کی فطرت تھی۔ ان کے عام لب ولہجہ اور تیور کا اندازہ ان کے صرف ایک شعر سے ہو جاتا ہے۔

عجب الٹے ملک کے ہیں اجی آپ بھی کم تم سے
کبھی بات کی جو سیدھی تو ملا جواب الٹا

مصحفیؔ کا رنگ بالکل جدا ہے جس کا انشاؔ کے رنگ سے مقابلہ کرنا ایک فضول سی بات ہے۔ مصحفیؔ کی زبان اور ان کے اسلوب میں وہ سادگی اور سیدھا پن ہے جو خلوص کی علامت ہے اور جس کے بغیر غزل صحیح معنوں میں غزل نہیں ہوتی۔ چند اور مثالیں ملاحظہ ہوں،

چھپایا تم نے منہ ایسا کہ بس جی ہی جلا ڈالا
تغافل نے تمہارے خاک میں ہم کو ملا ڈالا
کہے تو کھیل لڑکوں کا ہے یہ یعنی مصور نے
جو نقش اس صفحہ ہستی پر کھینچا سو مٹا ڈالا
زلفوں کی برہمی نے برہم جہان مارا
پلکوں کی کاوشوں نے سینوں کو چھان مارا
ہر گز وہ دست وبازو ملتے کبھی نہ دیکھا
جو تیر اس نے مارا سو بے گمان مارا

ایسی طرحوں میں پر تاثیر اشعار نکالنا ہر شاعر کا کام نہیں ہے۔ زبان اور محاورے اور ردیف کے پیچھے غزلیت کا سر رشتہ اکثر ہاتھ سے چلا جاتا ہے۔ ایسی غزلوں میں بھی مصحفیؔ

کے یہاں جو بے تکلفی، بے ساختگی اور تاثیر ہے، وہ ان کے معاصرین میں بہت کم ملتی ہے۔ مصحفیؔ صرف قافیہ ردیف یا محاورے کے لیے اپنے اشعار کے ساتھ زبردستی نہیں کرتے۔ ان دو اشعار میں محاورے اور ردیف قافیے کس خوبی کے ساتھ نباہے گئے ہیں اور آورد یا تکلف کا کہیں سے احساس نہیں ہونے پاتا۔

جب کوہ و بیاباں میں جا ہم نے قدم مارا
فرہاد نہ کچھ بولا مجنوں نے نہ دم مارا
تنہا نہ دل اپنا ہی میں زیر و زبر دیکھا
اس جنبش مژگاں نے عالم کو بہم مارا

یہی کیفیت ان اشعار میں ہے،

جس دم کہ وہ کمر میں رکھ کر کٹار نکلا
جس رہ گزر سے نکلا عالم کو مار نکلا
آئی زباں جو اپنی جنبش میں نزع کے دم
تیرا ہی نام منہ سے بے اختیار نکلا
تہمت ہے مصحفیؔ پر سیر چمن کی یارو
کب گھر سے اپنے باہر وہ سوگوار نکلا
ایک ہچکی میں ٹھکانے دل بیمار لگا
اس پہ اب تیر لگا خواہ تو تلوار لگا
مصحفیؔ عشق کی ہے گرمی بازار وہی
کشورِ حسن میں نت رہتا ہے بازار لگا

یہی بات انشاؔ کو میسر نہیں ہوئی۔ ایسی ٹیڑھی طرحوں میں انہوں نے اپنی شوخ و

شنگ طبیعت کی جولانیاں جتنی بھی دکھائی ہوں لیکن مصحفیؔ کی طرح ظاہری رکھ رکھاؤ کے ساتھ کلام کو ایک باطنی کیفیت سے معمور رکھنا ان کے بس کا کام نہ تھا۔ اب ہم ایسی ہی طرحوں میں سے کچھ اور اشعار یکجا کرتے ہیں،

میں ادا، اس کی کہوں کیا مرے مے نوش نے رات
سر بہ ساقی کے کس انداز سے ساغر مارا
مصحفیؔ عشق کی وادی میں سمجھ کر جانا
آدمی جاتا ہے اس راہ میں اکثر مارا

آخر کو مصحفیؔ نے دی جان تیری خاطر
جی سے گزر گیا وہ نادان تیری خاطر

کیوں نہ ہو شیشۂ دل چور مرے پہلو میں
میں نے ایام جنوں کھائے ہیں تھوڑے پتھر

کوئی سحر سے باندھتا ہے دکاں کو
وہ کافر جو آوے تو بازار باندھے

نہ ساون کرے پھر برسنے کا دعویٰ
جو یہ دیدۂ تر کبھی تار باندھے

محبت میں صادق یہ اغیار ٹھہرے
ہم اک بات کہہ کر گنہگار ٹھہرے

مصحفیؔ کے کلام کا ایک معتد بہ حصہ خارجی انداز میں ہے، جو جرأت کا اسلوب رکھتا ہے۔ وہ معاملہ بندی، ادا بندی، معشوق کا سراپا، اس کے عشوہ و ناز اور سج دھج کے بیان میں بھی استادانہ ملکہ رکھتے ہیں۔ اس میدان میں ان کا جرأت کے ساتھ مقابلہ تھا اور یہ

کہنا غلط نہیں کہ اول اول انہوں نے جرأت ہی کی تقلید میں یہ رنگ اختیار کیا لیکن جرأت و مصحفیؔ میں فرق ہے۔ خارجی رنگ میں بھی مصحفیؔ کا انداز متقدمین ہی سے قریب معلوم ہوتا ہے۔ ان کی زبان یہاں بھی انشاؔ اور جرأتؔ دونوں سے پیاری ہوتی ہے، لیکن اس کے یہاں وہ پتے کی باتیں سننے میں نہیں آتیں جن کے لیے جرأت مشہور ہیں۔ جرأتؔ کا چلبلا پن ان کی اپنی فطرت کا تقاضا تھا۔ جس سے مصحفیؔ کو کوئی طبعی مناسبت نہ تھی۔ چنانچہ جب کبھی خواہ مخواہ کی ریس میں اپنے اوپر بہت زیادہ تشدد کرتے ہیں، تو مبتذل ہو جاتے ہیں، جو ان کے وہاں شاق گزرتا ہے۔ مثلاً مصحفیؔ جیسے شاعر سے ہم اس قسم کی باتیں سننے کی توقع نہیں رکھتے،

یہ طرز اختلاف نکالا ہے تم نے واہ
آتے ہی پاس چٹ سے وہیں مار بیٹھنا
پانی بھرے ہے یار ویاں قرمزی دوشالہ
لنگی کی سج دکھا کر سقنی نے مار ڈالا

لیکن اکثر مقامات پر اس تقلید میں بھی کامیاب رہے ہیں اور تخیل کی مدد سے ان خارجی موضوعات میں بھی جرأتؔ سے زیادہ پیاری اور مزے دار باتیں کہہ گئے ہیں۔ یہ ان کے رچے ہوئے مذاق کا نتیجہ تھا۔ متقدمین کے غائر مطالعہ سے انہوں نے اپنے تخیل اور اپنی فطرت شعری کی تربیت کی تھی۔ اس لیے جہاں جہاں خارجی معاملات باندھے ہیں، اثر و کیفیت کو قائم رکھا ہے مثلاً،

قدم اس دھج سے کچھ پڑتا ہے اس غارت گر جاں کا
کہ دل ہر ہر قدم پر لوٹ ہے گبر و مسلماں کا
بھیگے سے ترا رنگ حنا اور بھی چمکا

پانی میں نگاریں کفِ پا اور بھی چمکا
گیند بازی سے اذیت نہ کہیں پہنچے تمھیں
کہ پلٹتی ہے بری طرح سے سرکار کی گیند
دل سے گیا ہے میرا وہ سیم تن چرا کر
شرما کے جو چلے ہے سارا بدن چرا کر
اے مصحفیؔ تو ان سے محبت نہ کیجیو
ظالم غضب کی ہوتی ہیں یہ دلّی والیاں
میری نظر مجھی کو ملے دور چشم بد
اس وقت بن رہے ہو پری پھر کے دیکھ لو
جمنا میں کل نہا کر جب اس نے بال باندھے
ہم نے بھی اپنے دل میں کیا کیا خیال باندھے
اول تو یہ دھج اور یہ رفتار غضب ہے
تس پر تیرے پازیب کی جھنکار غضب ہے

مصحفیؔ کے کلام میں اس عریانی کا شائبہ بہت کم ہے جس کی جرأت وغیرہ کے یہاں بہتات ہے۔ ان کی شاعری خالص شاعری ہے۔ ان کے اندر جتنی نزاکتیں اور لطافتیں اور جتنی رنگینیاں ملتی ہیں، ان کی زبان اور طرز ادا میں جو سجاوٹ اور طرح داری ہوتی ہے وہ سب ان کے ذوق شعر اور مطالعہ کا نتیجہ ہیں۔ انہوں نے بہترین روایات شاعری کو اخذ کر کے اپنی چیز بنا لیا تھا۔ اردو میں دو شاعر ایسے ہیں جن کو روایات وصور کے شاعر کہہ سکتے ہیں۔ مصحفیؔ اور حسرتؔ موہانی۔ ان کی شاعری کے محرکات زندگی کے تجربات اتنے نہیں جتنے کہ خالص شاعری کے تجربات، شاعری کے تجربات سے میری مراد اساتذہ کے کلام

کا ذوق وانہماک کے ساتھ مطالعہ کر کے اس کو اپنے رگ وپے میں جذب اور ساری کر لینا ہے۔ مصحفیؔ اور حسرت دونوں نے یہی کیا ہے۔ دونوں کو شاعر بنانے کے لیے تخیل اور اساتذہ کے کلام کافی تھے۔ مصحفیؔ کا کلام چاہے وہ خارجی پہلو رکھتا ہو چاہے داخلی ایک خاص کیفیت کا حامل ہوتا ہے۔ ان کی شاعری ارتسامی (IMPRESSIONISTIC) ہوتی ہے۔ ان کے محاکات، حسن کاری (Art) کی ایک خاص بصیرت لیے ہوتے ہیں۔ ایک شعر سنیے،

کیا نظر پڑ گئیں آنکھیں وہ خمار آلودہ
شفق صبح تو ہے زور بہار آلودہ

یوں تو بہ ظاہر مصحفیؔ کے کلام میں کوئی انفرادیت نظر نہیں آتی اور آزاد کی یہ رائے صحیح معلوم ہوتی ہے کہ غزلوں میں ہر رنگ کے شعر ہوتے ہیں۔ کسی خاص رنگ کی قید نہیں لیکن گہری نظر ڈالنے سے مصحفیؔ کے کلام میں ہم کو ایک تیز انفرادی کیفیت محسوس ہوگی، جو انہیں کی چیز ہے اور جس کو میں نے ایک اندرونی فضائی کیفیت بتایا ہے۔ مصحفیؔ اردو کے پہلے شاعر ہیں جنہوں نے غزل کے اشعار میں رنگ اور فضا کا احساس پیدا کیا اور یہی ان کی سب سے بڑی انفرادی خصوصیت ہے۔ جس کا اثر بعد کی اردو شاعری میں کافی دور تک پڑا اور جس کی وجہ سے جرأت کے مقابلہ میں شاعروں نے مصحفیؔ کو زیادہ نظر کے سامنے رکھا۔ کچھ مثالیں ملاحظہ ہوں،

ایک دن رو کے نکالی تھی میں واں کلفتِ دل
اب تلک دامن صحرا ہے غبار آلودہ

اس شعر میں ایسی گہرائی اور چھا جانے والی فضا پیدا کر دی گئی ہے کہ سنگلاخ زمین کا خفیف سے خفیف احساس بھی پیدا نہیں ہونے دیا ہے۔ اس طرح کے کچھ اور اشعار سنیے،

چلی بھی جا جرسِ غنچہ کی صدا پہ نسیم
کہیں تو قافلہ نو بہار ٹھہرے گا

تیری رفتار سے اک بے خبری نکلے ہے
مست و مدہوش کوئی جیسے پری نکلے ہے
کھول دیتا ہے تو جب جا کے چمن میں زلفیں
پابہ زنجیر نسیم سحری نکلے ہے
جس بیابانِ خطرناک میں ہے اپنا گزر
مصحفیؔ قافلے اس راہ سے کم نکلے ہیں

کس نے رکھے ہیں قفس ان پہ گرفتاروں کے
کانٹے کیوں سرخ ہیں سب باغ کی دیواروں کے

***

***

حالی کا مرتبہ اردو ادب میں

تاریخ ادب میں حالی کی تین حیثیتیں ہیں۔ سب سے پہلے تو وہ شاعر تھے اور غزل کے شاعر۔ میں یہ کچھ صرف اس لئے نہیں کہہ رہا ہوں کہ ان کی کلیات کا ایک خاصا جزو غزلیات پر مشتمل ہے، بلکہ اس لئے کہ ایک مخصوص قسم کا تغزل ان کی فطرت کا ایک اہم عنصر تھا اور یہ عنصر جیسا کہ میں ابھی واضح کرنے کی کوشش کروں گا، اپنا کام کرتا رہا، جبکہ حالی کا دل پرانی شاعری سے سیر ہو چکا تھا اور جھوٹے ڈھکوسلے باندھنے سے ان کو شرم آنے لگی تھی۔

حالی کے کلام کا مطالعہ کرنے والے کو سب سے پہلے جس بات کا احساس ہوتا ہے وہ یہ ہے کہ ان کا کوئی شعر حال سے خالی نہیں ہوتا۔ حالی کے یہاں نہ کہیں زبردستی کی پرواز تخیل ہے، نہ خواہ مخواہ کے تشبیہات و استعارات۔ جو بات ہے "دو اور دو چار" کی طرح سیدھی مگر عالم گیر حقیقت ہے اور پیرایہ سادہ حسین و دلپذیر۔ یہی وجہ ہے کہ ان کی کہی ہوئی بات کو ہر شخص اپنے دل کی بات کی طرح مانوس پاتا ہے۔ چند اشعار سنئے،

دنیا کے خرخشوں سے چیخ اٹھے تھے ہم اول
آخر کو رفتہ رفتہ سب ہوگئے گوارا
گو جوانی میں تھی کج رائی بہت
پر جوانی ہم کو یاد آئی بہت

گھٹ گئیں کچھ تلخیاں ایام کی
بڑھ گئی ہے یا شکیبائی بہت

آ رہی ہے چاہ یوسف سے صدا
دوست یاں تھوڑے ہیں اور بھائی بہت

گھر ہے وحشت خیز اور بستی اجاڑ
ہو گئی اک اک گھڑی تجھ بن پہاڑ

اک عمر چاہئے کہ گوارا ہو نیش عشق
رکھی ہے آج لذت زخم جگر کہاں

ہم جس پہ مر رہے ہیں وہ ہے بات ہی کچھ اور
عالم میں تم سے لاکھ سہی تم مگر کہاں

کس سے پیمان وفا باندھ رہی ہے بلبل
کل نہ پہچان سکے گی گل تر کی صورت

عشق سنتے تھے جسے ہم یہ وہی ہے شاید
خود بخود دل میں ہے اک شخص سمایا جاتا

بارہا دیکھ چکے تیرے فریب اے دنیا
ہم سے اب جان کے دھوکا نہیں کھایا جاتا

بے قراری تھی سب امید ملاقات کے ساتھ
اب وہ اگلی سی درازی شب ہجراں میں نہیں

رنجش و التفات و ناز و نیاز
ہم نے دیکھا بہت نشیب و فراز

کر دیا خوگر جفا تو نے
خوب ڈالی تھی ابتدا تو نے
اب وہ اگلا سا التفات نہیں
جس پہ بھولے تھے ہم وہ بات نہیں
کوئی دل سوز ہو تو کیجئے بیاں
سر سری دل کی واردات نہیں
کوئی محرم نہیں ملتا جہاں میں
مجھے کہنا ہے کچھ اپنی زباں میں
نیا ہے لیجئے جب نام اس کا
بہت وسعت ہے میری داستاں میں
بہت جی خوش ہوا حالی سے مل کر
ابھی کچھ لوگ باقی ہیں جہاں میں
ہوا کچھ اور ہی عالم میں چلتی جاتی ہے
ہنر کی عیب کی صورت بدلتی جاتی ہے
دریا کو اپنی موج کی طغیانیوں سے کام
کشتی کسی کی پار ہو یا درمیاں رہے
کھیتوں کو دے لو پانی اب بہہ رہی ہے گنگا
کچھ کر لو نوجوان اٹھتی جوانیاں ہیں

ان اشعار سے ہم پر یہ بھی اثر ہوتا ہے کہ حالی اپنے کو ہمیشہ لیے دیے رہنے والے آدمی تھے۔ ان کی شاعری غیر معمولی ضبط و خودداری کا پتہ دیتی ہے۔ ان کے نالے رکتے

ہوئے اور ان کی فریادیں تھمتی ہوئی ہوتی ہیں۔ ان کو جو چیز دوسرے اردو شاعروں سے ہمیشہ ممتاز رکھے گی وہ عقل و جذبات کے درمیان ایک توازن ہے۔ اگر حالی مسدس لکھنے سے پہلے ہی مر گئے ہوتے اور صرف غزلیات چھوڑ جاتے تو آج یہی توازن ان کا سب سے بڑا اکتساب اور اردو شاعری میں سب سے زیادہ قابل قدر اضافہ ہوتا۔ اسی توازن کا نتیجہ ہے کہ وہ غزلیں ہوں یا "مسدس" یا کچھ اور حالی کے کلام میں جوش نہیں ہوتا، گرمی اور دیرپا تاثیر ہوتی ہے۔

حالی نے ایک جگہ اعتراف کیا ہے کہ وہ شاگرد تو مرزا غالب کے تھے، لیکن تقلید میر کی کرتے رہے اور مستفیض شیفتہ سے ہوتے رہے اور اس میں شک نہیں کہ ان کی شاعری میں یہ تینوں اثرات نہایت خوبصورت اور مکمل آہنگ کے ساتھ نظر آتے ہیں۔ ان کے یہاں خستگی اور گھلاوٹ میر کی ہے، ظرف اور تمکنت کے تیور غالب کے ہیں، شائستہ عمومیت اور مہذب سادگی شیفتہ کی ہے۔ غالب کے شاگرد کو غالب کی پیچیدہ خیالی اور مشکل گوئی سے جس چیز نے بچالیا وہ یقیناً شیفتہ کی صحبت کا فیض تھا۔

حالی کئی لحاظ سے ہم کو انگریزی کے دو مشہور شاعر گرے (Gray) اور کالنس (Colins) کی یاد دلاتے ہیں جو انگریزی ادب میں رومانی تحریک (Romantic Movement) کے پیش رو سمجھے جاتے ہیں۔ جب ہم حالی کی غزلیات پڑھتے ہیں تو ہم کو وہ کالنس سے کافی قریب نظر آتے ہیں۔ اپنے وقت کی غزل گوئی کے رسوم و قیود سے بغیر کسی قسم کی بغاوت کئے ہوئے غزل کو حالی نے گویا از سر نو پیدا کیا ہے اور ان میں نئی کیفیتیں بھر دی ہیں۔ اس کے علاوہ ان کے اشعار میں جو مخلصانہ سادگی اور نرمی اور سنبھلی ہوئی غمگینی پائی جاتی ہے، وہ بھی کالنس ہی کی یاد تازہ کرتی ہے۔ گرے کی خصوصیت حالی میں یہ ہے کہ وہ اپنے راز کو کبھی اچھی طرح افشا نہیں کرتے۔ بس زیر لب کچھ کہہ کر رہ

جاتے ہیں۔ گرے کے متعلق بھی یہی کہا جاتا ہے کہ وہ کبھی کوئی بات کھل کر نہیں کہتا تھا۔

جہاں تک اسلوب کی بے ساختگی اور زبان و دل کی یکجہتی کا تعلق ہے، حالی ورڈسورتھ سے بھی بہت قریب کی مشابہت رکھتے ہیں۔ یہ سچ ہے کہ ان کے کلام میں اس عارفانہ اداسی اور مفکرانہ گداز کا احساس نہیں ہوتا جو ورڈسورتھ کے کلام میں حاوی ہے۔ لیکن اردو شاعری کو انہوں نے ہی پر خلوص سادگی، وہی پر تاثیر بے رنگی اور وہی دھیمی موسیقیت دی جو ورڈسورتھ نے انگریزی شاعری کو دی اور پھر یہ بھی نہ بھولئے کہ حالی سے اردو شاعری میں جدید اسلوب کی ویسی تحریک شروع ہوئی جو انگریزی شاعری میں ورڈسورتھ اور کولرج سے ہوئی تھی۔ اگرچہ اس تحریک اور رومانی تحریک کے درمیان سوااس کے کوئی قدر مشترک نہیں کہ دونوں نے دور گزشتہ کے ادبی مفروضات و اسالیب سے بالارادہ انحراف کیا اور ساگی اور فطری انداز پر زور دیا۔ اردو شاعری میں آج جو سیدھا پن اور فطری انداز پایا جاتا ہے اس کے موجد اور مبلغ حالی ہیں۔

حالی کی شاعری فلسفہ اور تصوف سے بالکل خالی ہے۔ ان کے اندر کوئی فلسفیانہ بصیرت یا عارفانہ رمز شناسی نہیں تھی۔ یہ ان کی فضیلت بھی ہے اور کمزوری بھی۔ فضیلت اس اعتبار سے کہ یہی خصوصیت ہے جو اور شاعروں کے مقابلے میں ان کو عوام الناس سے قریب اور مانوس بنائے ہوئے ہے۔ ورنہ ان کے اندر گہرائیاں ہوتیں تو وہ اس قدر عام فہم شاعر نہ ہو سکتے۔ لیکن یہی ان کی کمزوری ہو جاتی ہے کیونکہ اس کمی کی وجہ سے وہ نہ تو کوئی تعمیری تخیل (Constructive Idea) پیش کر سکے اور نہ اپنے ترنم میں کوئی تنوع (Variety) پیدا کر پائے۔ ان کی ہر دھن ایک ہی دھن معلوم ہوتی ہے جس کو مجموعی اعتبار سے مرثیہ کی دھن کہہ سکتے ہیں، اگرچہ مرثیے کی عامیانہ قسم کی عام رقت

پسندی اور یا (افادی الاقتصادی مرحوم کی اصطلاح میں) تیسرے درجے کے ابل پڑنے والے جذبات سے وہ منزلوں دور تھے۔ مگر اس کا سبب وہی توازن واستقلال ہے جس سے حالی کا خمیر ہوا تھا۔ اور جس کی طرف اشارہ کر چکا ہوں۔

حالی میں ہم کو دو چیزیں ہر جگہ نمایاں نظر آتی ہیں۔ واقعیت (Realism) اور عقلیت (Rationalism) انہیں دو چیزوں نے ان کو بچا لیا اور انہیں سے وہ کھوئے گئے۔ یہی واقعیت و عقلیت ہے جس نے حالی کے کلام میں وہ توازن اور ٹھہراؤ پیدا کیا جو کسی دوسرے اردو شاعر میں نہیں ملتا۔ لیکن یہی معقول پسندی اور واقعہ کے ساتھ بڑھی ہوئی موانست تھی جس نے حالی کو اس لطیف ہذیان سے محروم رکھا جس کو شیلی "پر آہنگ دیوانگی" (Harmonius Madness) کہتا ہے اور جو دنیا کے مشہور ترین شاعروں اور ادیبوں کی فطرت رہی ہے، ورنہ وہ اس سہولیت کے ساتھ اپنا انداز بدل نہ دیتے اور زمانے کے ان میلانات اور اثرات کے سامنے اتنا جلد سر نہ جھکا دیتے جو سر سید کی سرکردگی میں تحریک علی گڑھ کی صورت میں رونما ہو رہے تھے۔

یہ سچ ہے کہ یہ تحریک مسلمانوں کے لئے اسی طرح ضروری اور مفید تھی جس طرح مریض کے لئے جلاب، مگر پھر یقیناً وہ اسی طرح وقتی اور عارضی بھی تھی اور اس زمانے کی چیز تھی جب کہ مسلمان "فرنگی کے پیسے کو مردار" سمجھتے تھے اور محنت و مشقت کو باعث ننگ و عار۔ آج جب کہ ہم ڈوم اور چنڈال کے پیسے کو بھی حلال سمجھنے کے لئے تیار ہیں، یہ تحریک ہمارے لئے زیادہ سے زیادہ تاریخ کے صفحات میں اہمیت رکھ سکتی ہے۔ ایسی تحریکوں سے مغلوب ہو کر رہ جانا شاعر کے لئے زیبا نہیں۔ اس کو کسی خاص جگہ یا کسی خاص زمانے کی چیز ہو کر نہ رہنا چاہیئے، اگرچہ اپنے زمانے اور اپنی جگہ سے بالکل بے نیاز اور بے پروا رہنا بھی شاعر کی ایک ناقابل معافی کمزوری ہوتی ہے۔

حالی نے زمانے کے ساتھ گھاٹے پر صلح کرلی اور اس کے ہر نشیب و فراز کو بغیر چوں و چرا کے تسلیم کر لیا۔ اس کا نتیجہ یہ ہوا کہ وہ میر و مصحفی کی روش کو چھوڑ کر "مغرب کی پیروی" میں لگ گئے۔ کرتے کیا؟ زمانے کے میلان کے ساتھ مصالحت کر لینا نہ صرف سر سید کی تحریک تھی بلکہ حالی کی اپنی طبیعت کا تقاضا بھی تھا۔ ان کے پیغام کا ایک اہم جزو یہ بھی ہے،

زمانے کا دن رات ہے یہ اشارا
کہ ہے آشتی میں مری یاں گزارا
نہیں پیروی جن کو میری گوارا
مجھے ان سے کرنا پڑے گا کنارا
سدا ایک ہی رخ نہیں ناؤ چلتی
چلو تم ادھر کو ہوا ہو جدھر کی

خیر عام مسلمانوں کو ہوا کا رخ پہچان کر چلنا نہ اس وقت آتا تھا نہ آج تک آیا۔ لیکن حالی نے اپنی قوم کا کفارہ تنہا اپنی ذات سے ادا کرنے کا بیڑا اٹھا لیا۔ زمانے کا رنگ بدلا ہوا دیکھا تو ساری مروجہ شاعری ان کو ایک "ناپاک دفتر" نظر آنے لگی اور شاعروں کی حیثیت ان کی نگاہ میں "قلی اور نفر" سے بھی گر گئی۔ لیکن شاعری ان کی فطرت میں داخل تھی اور اس کو دبا کر فنا کر دینا ایسا آسان کام نہ تھا۔ خود حالی "مسدس" کے دیباچے میں تسلیم کرتے ہیں کہ "یہ ایک ایسے ناسور کا منہ بند کرنا تھا جو کسی راہ سے تراوش کئے بغیر نہیں رہ سکتا۔ اس لئے بخارات اندرونی جن کے رکنے سے دم گھٹا جاتا تھا، دل و دماغ میں تلاطم کر رہے تھے اور کوئی رخنہ ڈھونڈتے تھے۔" آخر کار دبائے ہوئے بخارات کو نکلنے کے لئے رخنہ مل گیا۔ "غزل کے شاعر" نے لاکھ اپنی فطرت سے انکار کیا، پھر بھی

"مسدس" کا شاعر ہو کر رہا۔

یہ نہایت کھلی ہوئی بات ہے کہ "مسدس حالی" تبلیغی یا تنظیمی ادب (Propaganda Literature) کے عنوان کی چیز ہے، یعنی وہ ایک خاص دور کی چیز ہے اور اس کے خاص دور میں بھی ملک کی ایک محدود جماعت کے لئے مخصوص ہے، لیکن وہ شاعری بھی ہے اور صحیح معنی میں شاعری اور اس حیثیت سے اس کے اندر وہ تمام خصوصیات کہیں کم اور کہیں زیادہ موجود ہیں جو حالی کی عام شاعری میں عام طور پر ملتی ہیں۔ خود حالی نے مسدس کو ابالی کھچڑی سے تشبیہ دی ہے جو مزہ لے کر نہیں کھائی جا سکتی۔ شمس العلما مولانا امداد امام اثر حالی کی رائے سے اتفاق کر کے کہتے ہیں کہ ہر پکی بریانی اور مرغ مسلم پکانے والا ایسی کھچڑی نہیں تیار کر سکتا۔ میں خود مسدس حالی کو ایک قسم کی پرہیزی کھچڑی سمجھتا ہوں مگر وہ ابالی نہیں ہے۔ اس میں نمک اور دوسرے مسالے بڑے انداز سے ملے ہوئے ہیں۔ اگر آپ اس کو مزہ لے کر نہ کھائیے تو البتہ محض ابالی معلوم ہوتی ہے۔ یہ پکانے کے کمال کی دلیل ہے۔

"مسدس" کی شان نزول کچھ بھی ہو، اس کے وجود میں آنے کے اسباب و محرکات لاکھ غیر شاعرانہ سہی، اس میں سرسید کی غیر شاعرانہ تحریک کے جو اثرات نمایاں ہیں وہ سب مسلم، لیکن "مسدس" کے ایک خاصے حصے میں جو شخص شاعری نہیں پاتا وہ مذاق شعر کے محدود اور ناقص ہونے کا ثبوت دیتا ہے۔ بقراط کا جامہ پہن کر بھی حالی کا انداز قد چھپ نہیں سکتا اور صاف پہچانا جا سکتا ہے۔ وہ ہم کو ہمارے مرض کا سبب اور اس کی علامت سمجھاتے ہوئے آئے ہیں لیکن ہم کو دھوکہ نہ کھانا چاہئے۔ طبیب خود بھی اس مرض کے جراثیم سے بچا ہوا نہیں ہے جس کو تشخیص کر کے اس نے "تپ دق" بتایا ہے۔ البتہ اس نے اپنے پھیپھڑوں میں مصنوعی طور پر آکسیجن بھر لیا ہے جس سے اس میں

تندرستی کی عارضی علامتیں آگئی ہیں۔

جو لوگ مسدس کو شاعری نہیں سمجھتے ان کو عموماً دو جماعتوں میں تقسیم کیا جا سکتا ہے۔ ایک تو وہ جو تبلیغ و تنظیم کو شعر و ادب سے بلند و برتر چیز مانتی ہے اور "مسدس" کو شاعری کہنا اس کی توہین سمجھتی ہے۔ اس جماعت میں خود حالی بھی شامل ہیں بلکہ اس کے علم بردار ہیں۔ دوسری جماعت وہ ہے جس نے شاعری کے مفہوم کو بے انتہا محدود کر لیا ہے اور جس کے مذاق کو غزل کے سہل اور سست کیف و اثر نے بگاڑ دیا ہے۔ تمام اصناف سخن میں غزل سے بڑھ کر دھوکے کی چیز کوئی نہیں۔

غزل شاعری کی معراج بھی ہو سکتی ہے اور اس کو خوار و رسوا بھی کر سکتی ہے۔ اس سے ہمارے مذاق میں اگر ایک طرف تمکنت آسکتی ہے تو دوسری طرف ہمارے مذاق کے رکیک اور مبتذل ہو جانے کا بھی اندیشہ ہے۔ بہر حال اگر ہم "مسدس" میں شاعری محسوس نہیں کرتے اور اس سے لطافت نہیں اٹھا سکتے تو اس کی ذمہ دار اگر ایک طرف ہماری بڑھی ہوئی ثقاہت ہے تو دوسری طرف اسی حد تک ہمارے مذاق کی عامیانہ سہل پسندی بھی ہے۔ ورنہ مسدس غیر شاعرانہ ہوتے ہوئے بھی شاعری ہے۔

مگر ایک تیسری جماعت بھی ہے جس کی نگاہ میں شاعر کا مرتبہ مبلغ یا مصلح سے زیادہ بلند ہے۔ یہ لوگ کسی ایسے پیغام کو جو وقتی مصلحتوں پر مبنی ہو یا جس کا روئے خطاب کسی محدود جماعت کی طرف ہو، شاعری کا صحیح موضوع نہیں مانتے۔ وہ کہتے ہیں کہ شاعر زمان و مکان کا غلام نہیں ہو سکتا۔ وہ تو ازل اور ابد کو اپنی مٹھی میں لئے ہوتا ہے۔ مسدس کا پیغام صرف ایک چھوٹی سی جماعت اور وہ بھی ایک خاص وقت کے لئے تھا جو اب دفن ہو کر رہ گیا۔ پھر اس کو شاعری کیوں کر کہا جائے؟ شاعری تو وہ ہے جو اپنی تمام وقتی اور مقامی خصوصیات کے ساتھ بھی عام بنی نوع انسان کے لئے یا کم از کم کثیر سے کثیر تعداد کے لئے

ابد تک روشنی اور صدائے بازگشت کا کام کر سکے۔

"مسدس" پر اس جماعت کا یہ اعتراض کافی اہم اور قابل غور ہے۔ اس کے جواب میں یہ کہا جا سکتا ہے کہ "مسدس" جہاں تک پیغام ہے وہاں تک شاعری نہیں ہے۔ "مسدس" کے اہم ترین ٹکڑے وہ ہیں جن میں یا تو اسلام کی گزشتہ شان و شوکت کی تصویر دکھائی گئ ہے یا ہندوستان کے مسلمانوں کی موجودہ ابتری اور پستی کا نقشہ کھینچا گیا ہے اور یہ ٹکڑے شاعری کے مکمل نمونے ہیں جن کو پڑھ کر ماننا پڑتا ہے کہ حالی کی غزلیات اور ان کے "مسدس" میں دراصل کوئی تصادم نہیں ہے۔ وہی انسانی دردمندی اور دل سوزی، وہی جذبات کی سنجیدگی، وہی دھیما تھما ہوا لب ولہجہ اور وہی زبان کی سادگی اور بے ساختگی، غرض کہ وہی تمام خصوصیات جو ان کی قدیم و جدید غزلیات یا "حب وطن" یا "مناجات بیوہ" کو شاعری بنائے ہوئے ہیں، "مسدس" میں بھی نمایاں ہیں۔

"مسدس" اپنے موضوع پر اور اپنی نوعیت کی نہ صرف اردو میں بلکہ شاید دنیا کی اور زبانوں میں بھی سب سے زیادہ طویل نظم ہے۔ اس پر بھی ملک میں اس قدر مقبول ہوئی کہ گھر گھر پڑھی اور کسی زمانے میں بار بار پڑھی گئی۔ ایسی طویل نظمیں عموماً پڑھنے والوں کو تھکا دیتی ہیں، لیکن "مسدس" اس عیب سے پاک ہے۔ شروع سے آخر تک پڑھ جایئے، نہ کہیں گرانی محسوس ہوگی نہ جی اکتائے گا، مسدس حالی کی مقبولیت کا سب سے بڑا سبب اس کا تسلسل اور زبان کی سنجیدہ سادگی ہے جو اس کی تاثیر کے وزن کو اول سے آخر تک یکساں قائم رکھے ہوئے ہے۔

آخر میں "مسدس" کے متعلق پھر بھی ایک سوال ہوتا ہے اور وہ یہ اگر "مسدس" شاعری ہے تو کس مرتبہ کی اور مستقبل میں اس کو کیا حیثیت دی جائے گی؟ یہ تو نہایت کھلی ہوئی سی بات ہے کہ غزل یا خالص داخلی شاعری کی تاثیر و مقبولیت تو "مسدس" جیسی

نظم کو کبھی میسر نہیں ہو سکتی۔ آخر فردوسی، نظامی اور جامی یا ہومر، ورجل اور ڈانٹے کو غزل یا (Lyrics) والی بات کہاں نصیب ہوئی۔ لیکن انسان کی زندگی میں ایسے لمحے بھی آتے ہیں جبکہ وہ غزل کی ساحرانہ آواز کی طرف سے کان بند کر لیتا ہے اور یہ ساحرہ اپنی تمام ساحری کے باوجود اس کو اپنی طرف نہیں کھینچ سکتی۔ اگر ایسا نہ ہوتا تو دنیا میں خارجی شاعری کا وجود ہی نہ ہوتا۔

جو لوگ آج غزل کو حقیر سمجھ رہے ہیں اور اس کو بے حیثیت اور ذلیل ثابت کرنے پر تلے ہوئے ہیں وہ تو خیر اپنے مذاق شاعری کو ناقابل اعتبار ثابت ہی کر رہے ہیں، لیکن جو لوگ شاعری کو صرف غزل تک محدود رکھتے ہیں وہ بھی اپنی تنگ حوصلگی کا ثبوت دے رہے ہیں۔ ہمارے مذاق کو ابھی بہت کچھ وسیع، متوازن اور مہذب ہونا ہے۔ "مسدس" غزل نہ سہی، لیکن مرثیہ ضرور ہے اور نہایت بلند معیار کا جو بحیثیت مجموعی ہم کو افسردہ اور بے دم نہیں کر دیتا۔ تاریخ اسلام کے ایک خاص رخ کو اس سے زیادہ دلکش اور پر تاثیر پیرائے میں نہیں پیش کیا جا سکتا تھا۔

رہ گیا یہ سوال کہ آئندہ مسدس کو کیا حیثیت ملے گی؟ میرا خیال ہے کہ اس کو کسی قوم کی منظوم انجیل (Bible) کا درجہ تو نہیں حاصل ہو سکتا، لیکن اردو مرثیوں سے تو اسے بلند مانا ہی جائے گا، اس لئے کہ اس میں تغزل کے لطیف عناصر بھی موجود ہیں اور اگر ہم کو غم دنیا سے سر اٹھانے کی اتنی مہلت ملی کہ شعر وادب سے لطف اٹھا سکیں تو آئندہ یقیناً وہ اس سے زیادہ پڑھی جائے گی جتنی کہ اس وقت پڑھی جاتی ہے۔ اپنے وقت میں تو وہ شاعری سے زیادہ پیغام سمجھی گئی، اب وہ زمانہ آرہا ہے کہ اس کو شاعری میں شمار کیا جائے۔

اگر حالی کی "مسدس" میں کوئی فلسفہ تمدن (Social Philosophy) یا کوئی

واضح اور متعین مرکزی تخئیل ہوتی یا اگر اس میں کوئی مسلسل اور مربوط داستان بیان کی گئی ہوتی تو آج وہ رامائن، مہابھارت، شاہنامہ، الیڈ اور پیرڈائزلاسٹ کے ٹکر کی چیز ہوتی۔ تاہم ان تمام خصوصیات سے معرا ہوتے ہوئے بھی مسدس جتنی پڑھی گئی ہے، شاید ہی اس قسم کی کوئی دوسری طویل نظم پڑھی گئی ہو۔

حالی کی تیسری حیثیت سے بحث کرنا باقی ہے، یعنی ان کی تنقید نگاری سے۔ یہ حالی کی وہ حیثیت ہے جس پر کچھ زیادہ کہنے کی ضرورت نہیں، کیوں کہ یہاں آکر رائیں ایک ہو جاتی ہیں۔ حالی نے نہ صرف اردو شاعری کو جدید راستے پر لگایا بلکہ اردو تنقید اور سیرت کے بھی مجتہد ہیں۔ وہ پہلے شخص ہیں جنہوں نے سیرت اور تنقید نگاری میں مغربی اصول فن کو رواج دیا اور اردو میں ادب کی ان دو اہم صنفوں کو معیار کی چیزیں بنا کر پیش کیا۔ کہا جاسکتا ہے کہ تنقید میں حالی اردو کے ڈرائڈن (Dryden) ہیں۔ جس طرح ڈرائڈن نے انگریزی تنقید میں نئی روح پھونکی اور جدید فن تنقید کی بنیاد ڈالی، اسی طرح حالی نے اردو تنقید کو تذکرہ نگاری کی سطح سے بلند کر کے ایک علمی اور تحقیقی فن کی حیثیت بخشی۔

جو خصوصیات حالی کی شاعری کی گنائی گئی ہیں، وہی ان کی تنقیدوں کی بھی شان امتیازی نظر آتی ہیں۔ یعنی وہی توازن اور وہی معقول پسندی۔ سرسید کے ساتھ انہوں نے جس بڑھی ہوئی عقیدت مندی اور جانب داری کا اظہار کیا ہے، اس کے لئے اگر رواداری کا ایک حاشیہ چھوڑ دیا جائے اور اس جگہ ان کو محض اردو کا باسویل (Boswell) تصور کر لیا جائے تو اردو میں ایسا معقول پسند اور منصف مزاج نقاد دوسرا نظر نہیں آتا۔ یہاں بھی وہ افراط و تفریط کے قائل نہیں، نہایت سنجیدگی کے ساتھ بغیر ماتھے پر شکن ڈالے ہوئے اپنی جنچی تلی رائے دیتے چلے جاتے ہیں اور اس کا خاص لحاظ رکھتے ہیں کہ کوئی بات اتنی گہری نہ ہونے پائے اور زبان و بیان میں کہیں اتنی ادنی خصوصیات نہ اکٹھا ہو جائیں کہ وہ

مدرسہ کی چیز ہو کر رہ جائے اور ہر خاص و عام اس کو نہ سمجھ سکے۔ شاعری ہو یا نثر، حالی ہر جگہ میر کی طرح اس مقولے پر عمل کرتے نظر آتے ہیں۔

بات میری ہے گو خواص پسند
پر مجھے گفتگو عوام سے ہے

پھر ایک صاحب اسلوب کی حیثیت سے دیکھا جائے تو بھی حالی اردو نثر میں ایک زبردست شخصیت کے مالک ہیں۔ اگر سرسید کے ساتھ حالی کی نثر وجود میں نہ آ جاتی تو غالب کی نثر کے باوجود اردو نثر اسی جگہ رہ جاتی جہاں مرزار جب علی بیگ سرور نے اس کو چھوڑا تھا اور اس قابل نہ ہوتی کہ اپنی ادبی حیثیت قائم رکھتے ہوئے بے تکلفی اور سہولت کے ساتھ کسی سنجیدہ موضوع پر بحث کر سکے۔ سرسید کی اخباری نثر میں ادبی جان بالکل نہیں تھی اور اس سے اردو میں کوئی ادبی تحریک نہیں شروع ہو سکتی تھی، اس لئے کہ کوئی ادیب ان کے اسلوب کی تقلید نہیں کر سکتا تھا۔ حالی سے اردو نثر کے اسلوب میں وہی تحریک شروع ہوئی جو انگریزی میں بیکن (Bacon) سے ہوئی۔

* * *

نظیر اکبرآبادی اور اردو شاعری میں واقعیت و جمہوریت کا آغاز

آج میں بچپن کی زندگی اور اس کے اصول و عقاید پر غور کرتا ہوں تو صرف ایک نتیجہ پر پہنچتا ہوں اور وہ یہ کہ بچپن میں ہم جو کچھ ہوتے ہیں وہ ہماری اصلی فطرت ہوتی ہے جس پر زمانہ کی رفتار اور تہذیب و مدنیت کے بڑھتے ہوئے احساس کے ساتھ سیکڑوں ہزاروں پردے پڑ جاتے ہیں، یہاں تک کہ ہماری فطرت کچھ کی کچھ نظر آنے لگتی ہے۔ تہذیب و تربیت جہاں انسان میں طرح طرح کی لطافتیں اور نفاستیں پیدا کرتی ہے وہاں اس کو ریاکار اور حقیقت فراموش بھی بنا دیتی ہے۔ یہی وجہ ہے کہ بچپن، جوانی اور بڑھاپا دونوں کے مقابلے میں زندگی سے زیادہ قریب ہوتا ہے۔

جب ہم مڑ کر اپنے اس دور پر نظر ڈالتے ہیں جس کو معصومیت اور بے شعوری کا دور کہتے ہیں اور اس وقت کے فیصلوں کا بعد کی عمر کے فیصلوں سے مقابلہ کرتے ہیں تو اکثر اس وقت کے فیصلے زیادہ سچ اور زیادہ ناقابل تردید معلوم ہوتے ہیں۔ اس کا سبب یہ ہے کہ بچپن کے فیصلے فطری اور بے ساختہ ہوتے ہیں۔

مجھے وہ دن اچھی طرح یاد ہے جبکہ نظیر اکبرآبادی کے نام سے میں پہلے پہل واقف ہوا۔ عمر وہ تھی جس کو صحیح معنوں میں بچپن کہنا چاہئے جبکہ آزادی اور خرمی، انسان کا مذہب ہوتا ہے۔ مجھے ابھی تک اردو نہیں پڑھائی گئی تھی۔ عربی اور فارسی پڑھ رہا تھا۔

فارسی زبان اور فارسی شاعری سے کافی واقفیت حاصل ہو چکی تھی اور اب فارسی زبان سے کوئی اجنبیت باقی نہیں تھی۔ عربی کے مدارج طے کرائے جارہے تھے۔ اب خیال ہوا کہ اردو کے لئے زمین تیار ہو چکی ہے اور اب اردو کتابوں کا بھی مطالعہ کراتے رہنا چاہئے۔ دو کتابیں منتخب کی گئیں۔ "آرائش محفل" یعنی قصہ حاتم طائی اور "کلیات نظیر اکبر آبادی۔"

بچپن کے تصورات مادی دنیا سے ماخوذ ہوتے ہیں۔ وہ اپنے خیالات میں اپنے گردوپیش کی دنیا سے زیادہ قریب ہوتے ہیں اور جو چیزیں ہمارے محسوسات اور تجربات کی دنیا سے زیادہ قریب ہوتی ہیں، انہیں کی ہم قدر زیادہ کرتے ہیں۔ میں پڑھنے کو سعدی، غنی، صائب سبھی کو تھوڑا تھوڑا درسی طور پر اور بہت کچھ اپنے شوق سے پڑھ چکا تھا، مگر اب سب کو حقیقتاً اپنے سے بیگانہ پارہا تھا۔ سب ایسا معلوم ہوتا تھا زمین سے اوپر کہیں آسمان کے پاس سے باتیں کر رہے ہیں۔ ان میں سے جو شخص سب سے زیادہ اپنے قریب سے بولتا ہوا معلوم ہوتا تھا وہ سعدی تھے، وہ بھی "گلستاں" اور "بوستاں" والے سعدی۔ ان عالم بالا والوں کے بعد نظیر اکبر آبادی کی آواز سنی تو ایسا محسوس ہوا کہ کوئی بالکل اپنی بغل میں برابر کھڑا ہوا ہے اور مانوس زبان میں گفتگو کر رہا ہے۔

آپ سمجھئے "بنجارہ نامہ" اور "ہنس نامہ" دونوں تمثیلیں ہیں۔ اس وقت بھی مجھے یہی بتایا اور ذہن نشین کرایا گیا تھا اور بظاہر میں سمجھ بھی گیا تھا، اگر سمجھنے کے صرف یہی معنی ہیں کہ بتائی ہوئی بات حافظہ میں محفوظ ہو گئی۔ لیکن در حقیقت میری سمجھ میں ایک بات آئی تھی وہ یہ کہ شاعر ایسی باتوں کا ذکر کر رہا ہے جو برابر میرے تجربے میں آتی رہتی ہیں اور جن سے میں اچھی طرح مانوس ہوں۔ میں دیہات میں پیدا ہوا اور دیہات ہی میں بچپن گزرا اور دیہات ہی میں ابتدائی تعلیم و تربیت پائی۔ مجھے نہ جانے کتنے فارسی اشعار زبانی یاد تھے، لیکن میرے خیال میں ان کا مصرف صرف یہ تھا کہ ان کے معنی بتائے

جائیں یعنی ان کو اپنی زندگی کے اجزائے ترکیبی نہیں پاتا تھا۔ برخلاف اس کے جب میں یہ پڑھتا،

چنڈول، اگن، بلقے، جھپاں، بئے، ڈھیر
مینا وبئے کلکلے بگلے بھی سمن پر
طوطے بھی کئی طور کے ٹوئیاں کوئی لہبر
رہتے تھے بہت جانور اس پیڑ کے اوپر
اس نے بھی کسی شاخ پر گھر اپنا سنوارا

یا یہ پڑھتا،

گر تو ہے لکھی بنجارہ اور کھیپ بھی تیری بھاری ہے
اے غافل تجھ سے بھی چاتر اک اور بڑا بیوپاری ہے
کیا شکر مصری قند گری کیا سانبھر میٹھا کھاری ہے
کیا واکھ منقا سونٹھ مرچ کیا کیسر لونگ سپاری ہے
سب ٹھاٹھ پڑا رہ جائے گا جب لاد چلے گا بنجارہ

تو ان سب چیزوں سے اپنے کو مانوس پاتا تھا۔ سب ایسی چیزیں تھیں جو روزانہ زندگی کی ترکیب میں داخل تھیں۔ جن پرندوں کے نام گنائے گئے تھے، ان میں سے شاید کوئی ایسا ہو جن کے انڈوں بچوں کی تلاش میں دیہات کے لڑکے صبح سے شام تک مارے مارے نہ پھرتے ہوں۔ بنجارے اور اسی قماش کے دوسرے خانہ بندوش لوگ آئے دن اپنے گاؤں سے گزرتے تھے اور اکثر گردو پیش کے آم کے باغوں میں ڈیرے ڈال دیتے تھے۔ مزدوروں کو کھیپ لادتے ہر وقت دیکھتا تھا اور ہلکی اور بھاری کھیپ کا پورا اندازہ تھا۔ بیوپاری روز آیا کرتے تھے اور وہی چیزیں گاؤں میں بیچ جاتے تھے جن کی فہرست نظیر نے

دی ہے۔ میں ان کے "بڑے بیوپاری" کو بھی اس قسم کا ایک بیوپاری سمجھتا تھا۔

غرض کہ نظیر پہلے شاعر تھے جن کو میں نے زمین پر کھڑے ہوئے زمین کی چیزوں کے متعلق بات چیت کرتے ہوئے پایا اور پہلی مرتبہ میں نے یہ محسوس کیا کہ شاعری کا تعلق روئے زمین سے بھی ہے۔ یہ احساس کبھی میرے دل سے گیا نہیں، البتہ میر اور غالب، نظیری اور عرفی، ملٹن اور ورڈسورتھ کے پیدا کیئے ہوئے اثرات میں ایک مدت تک کھویا ضرور رہا۔ آج جبکہ میں نظیر کی شاعری اور اس کی نوعیت پر دوبارہ غور کرنے بیٹھا ہوں تو لڑکپن کے وہ نقوش اور وہ احساسات عود کر آئے ہیں اور مجھے ان کے اندر ایسی صحت اور صداقت نظر آرہی ہے کہ اتنی مدت بعد بھی نہ تو میں ان سے انکار کر سکتا ہوں اور نہ ان میں کوئی قابل لحاظ ترمیم یا اضافہ۔ نظیر اکبر آبادی کے متعلق میری اب بھی وہی رائے ہے جو اس وقت تھی۔ آج میں اپنے انہیں ارتسامات کو شرح و تفصیل کے ساتھ پیش کرنا چاہتا ہوں۔

اردو شاعری میں نظیر اکبر آبادی کی حیثیت متعین کرنا آسان کام نہیں ہے، اس لئے کہ اب تک اہل نقد و نظر نے ان کی کوئی قابل لحاظ حیثیت تسلیم نہیں کی۔ نظیر کو پڑھتے سب تھے۔ الٰہی نامہ، برسات کی بہاریں، بنجارہ نامہ، ہنس نامہ، تندرستی نامہ، ریچھ کا بچہ کے اشعار اکثروں کے زبان پر چڑھے رہے ہیں۔ لیکن جب ان کو کوئی مرتبہ دینے کا موقع آتا ہے تو سب اس طرح خاموش ہو جاتے ہیں یا زیر لب کچھ کہہ کے رہ جاتے ہیں، جیسے نظیر کا نام لینا آداب مجلس کے خلاف ہو۔

یہ تو سب محسوس کرتے رہے ہیں کہ اردو شاعری میں نظیر ایک نئی قوت اور ایک نیا امکان ہیں، مگر کوئی اس کا اعتراف کرنا نہیں چاہتا۔ تذکرہ نگاروں نے ان کو اچھوت سمجھ کر ان سے پہلو بچایا ہے۔ وہ تذکرے گنتی کے ہیں جن میں نظیر کا بھی کوئی ذکر ہو اور ان

میں بھی ان کے خلاف فیصلے ملیں گے۔ شیفتہ، جو نظیر کے حلم و خلق و انکسار کا اعتراف کرتے ہیں جب ان کی شاعری کا ذکر آتا ہے تو کہتے ہیں کہ "اس کے بہت اشعار ہیں جو سوقیوں کی زبان پر جاری ہیں اوران اشعار پر نظر رکھتے ہوئے ان کو شعراء کی تعداد میں شمار نہ کرنا چاہئے۔(ترجمہ از "گلشن بے خار")

پرانے تذکرہ نگاروں میں شیفتہ بڑے مبصر اور منصف مزاج واقع ہوئے تھے، لیکن نظیر کے متعلق انہوں نے بھی وہی حکم لگایا جو ان کے پیش روؤں نے لگایا تھا اور جو ان کے معاصرین لگا رہے تھے۔ شیفتہ کا اس میں کوئی قصور نہیں، سوا اس کے کہ وہ مروجہ معیار شاعری اور مروجہ اصول تنقید سے تھوڑی دیر کے لئے انحراف نہ کر سکے اور شیفتہ کو کیا کہئے، آزاد سے لے کر اس وقت تک اردو شاعری اور اردو ادب کی جتنی معتبر اور قابل قدر تاریخیں لکھی گئی ہیں ان میں رام بابو سکسینہ کی "مختصر تواریخ ادب اردو" کو چھوڑ کر کسی میں نظیر کا تذکرہ نہیں ملے گا۔ مخمور صاحب (مؤلف) "روح نظیر" اپنی کتاب کے مقدمہ میں لکھتے ہیں،

"مولانا محمد حسین آزاد صاحب "تذکرہ آب حیات" کی وسیع جستجو سے نظیر کے پوشیدہ رہنے کے دو معنی ہو سکتے ہیں۔ ایک تو یہ کہ آزاد نظیر کو شاعر نہ سمجھتے تھے، دوسرا یہ کہ ان سے سہو ہوا۔ آزاد کی جوہر شناس نگاہ کے متعلق یہ شبہ کرنا کہ وہ نظیر کے قائل نہ تھے ہم بہتان سمجھتے ہیں۔ پس یہ خیال ایک منٹ کے لئے بھی قائم نہیں رکھا جا سکتا۔ البتہ دوسری وجہ زیادہ قرین قیاس ہے۔"

ہم اس کو آزاد کے ساتھ مخمور کا بڑھا ہوا حسن ظن سمجھتے ہیں۔ اگر ہم مان بھی لیں کہ آزاد کی نظر اتنی ہی "جوہر شناس" تھی جتنی کہ مخمور سمجھتے ہیں تو آزاد کو نظیر میں کوئی جوہر نظر نہیں آ سکتا تھا۔ وہ اسی کو شاعری کا جوہر سمجھتے تھے جس کو نسلاً بعد نسل لوگ

شاعری کا جوہر مانتے آئے تھے۔ مخمور کا یہ خیال بہت صحیح ہے کہ "گزشتہ زمانہ میں مذاق سخن اس درجہ مصنوعی اور غیر فطری ہو گیا تھا کہ فطرت شناسوں کے لئے کوئی جگہ باقی نہ رہی تھی۔" یہ مصنوعی معیار اور غیر فطری اسلوب اردو شاعری کے راستے میں آج تک زحمتیں پیدا کر رہا ہے اور اس کو فطرت شناس نہیں ہونے دیتا۔

نظیر کی طرف اب لوگوں کی توجہ جارہی ہے اور اب یہ آواز سننے میں آنے لگی ہے کہ نظیر تنہا اپنی ذات سے ایک دبستاں اور بجائے خود ایک جماعت تھے۔ لیکن اس قسم کی گول گول باتوں سے کام نہیں چلتا۔ یہ تو پہلی اور سطحی نظر میں ہر شخص کو معلوم ہو جاتا ہے کہ نظیر اردو شاعروں کے عام جھنڈ سے الگ ہیں۔ انہوں نے اردو شاعری میں اجتہاد کیا اور ایسا اجتہاد جس کو روایات سے دور کا بھی کوئی تعلق نہیں۔ یہ سب جانتے ہیں کہ نظیر اپنے رنگ کے تنہا شاعر تھے لیکن اس کے در پردہ یہ معنی بھی ہو سکتے ہیں کہ وہ بدراہ تھے اور اکثر نقادوں کا دبا ہوا اشارہ بھی یہی ہے۔ ہم کو یہ دیکھنا ہے کہ نظیر کے اجتہاد کا راز اور اس کی اہمیت کیا ہے؟

نظیر سے جن لوگوں نے بحث بھی کی ہے، انہوں نے ان کی زندگی اور ان کی شاعری کے اخلاقی اور تمثیلی پہلو پر ضرورت سے زیادہ زور دیا ہے، اور اس سے آگے یا تو کچھ کہہ سکے ہی نہیں ہیں، یا کہنے کی ہمت نہیں پڑی ہے مگر اردو کا ہر شاعر کم و بیش یہی رہا ہے۔ تمثیل و کنایہ اردو شاعری کی گویا گھٹی میں پڑے ہیں اور مضامین کے اعتبار سے عشق، تصوف اور اخلاق انہیں تین چیزوں کا ہماری شاعری میں غلبہ رہا ہے۔ لہذا اس کو نظیر کا طرہ امتیاز نہیں کہا جا سکتا۔ اگر محض یہی ہوتا تو آج اردو شاعروں کی محفل میں نظیر اس قدر بیگانہ نہ نظر آتے اور اردو شعراء ان کے ساتھ ایسی سرد مہری کا برتاؤ نہ کرتے۔

حقیقت یہ ہے کہ نظیر نے اردو شاعری میں اس بغاوت اور انقلاب کی بنیاد ڈالی جس

سے ہمارے شاعر اور ادیب آج تک موانست اور مساوات نہیں پیدا کر سکے ہیں۔ اردو شاعری نے اپنے تمام اکتسابات اور کمالات کے باوجود زندگی کی وہ نمائندگی نہیں کی جو اس کو کرنا چاہئے تھا۔ اس کا ایک سبب تو یہ ہے کہ اس نے اپنے تصورات و مفروضات اپنے روایات وصور، اپنے اصول واسالیب غرض کہ تمام معیار اور تمام تخیل ایران سے لئے اور فارسی شاعری سے اپنا دستور مرتب کیا، اس لئے کہ اہل حکومت کی مادری زبان فارسی تھی اور درباروں میں فارسی کی آؤ بھگت تھی۔ نتیجہ جو ہونا چاہئے ظاہر ہے۔ اردو شاعری میں ہم کو اپنے ملک کا سارا جغرافیہ، ساری تواریخ، سارے روایات واساطیر بدلے ہوئے نظر آنے لگے۔ ہمالیہ اور بندھیاچل کی جگہ الوند وبسیتون کھڑے ہو گئے، گنگا۔ جمنا کی جگہ جیحوں وسیحون موجیں مارنے لگے۔ نل اور دمینتی کو فرہاد اور شیریں نے معزول کر دیا۔ ہیر اور رانجھا کو قیس ولیلی نے گدی سے اتار دیا۔

ہماری شاعری نے اپنے ملک و معاشرت سے نہ مواد لئے نہ اسالیب اور ایک دو راز خیال اور موہوم زندگی کو اپنا ماخذ رکھا اور اسی کو اپنا موضوع بنایا۔ دوسرا سبب اردو شاعری کا زندگی سے بے تعلق اور بے گانہ رہ جانے کا یہ ہوا کہ اس کی جو صنف بادشاہوں اور درویشوں کی سرپرستی اور اثر میں سب سے زیادہ رائج اور مقبول ہوئی وہ غزل ہے، جس میں ہر شعر میں ایک مضمون کو مکمل کرنا پڑتا ہے۔ ایسی شاعری زندگی کے تمام حالات، واقعات اور تمام معاملات و مسائل سے عہدہ بر آنہیں ہو سکتی۔ غزل بھی انسانی زندگی کی ایک ضرورت ہے لیکن وہ ہر ضرورت پر حاوی نہیں ہو سکتی۔ غزل کی ہیئت پر غور کیجئے تو معلوم ہوگا کہ اس کا کام ان کیفیات و مشاہدات کو اشاروں میں بیان کرنا ہے جو کسی طرح شرح و تفصیل کی متحمل نہ ہو سکیں۔ لیکن انسان کی زندگی میں روز بروز وسعت اور پیچیدگی بڑھتی گئی ہے اور ہم کو نظم و نثر دونوں میں ایسے اصناف کی ضرورت رہی ہے جو

ہماری خارجی اور باطنی زندگی کا پورا پورا حق ادا کر سکیں۔

نظیر کو اردو شاعری کی کوتاہیوں کا احساس اس وقت ہوا جبکہ ان کے آگے پیچھے کی دنیا میں کسی کو بھی ان کا احساس نہیں ہو سکتا تھا۔ نظیر پڑھے لکھے آدمی تھے۔ ان کی فارسی کی قابلیت اچھی خاصی تھی، عربی سے بھی ناواقف نہیں تھے۔ انہوں نے عمر بھر معلمی میں بسر کی۔ یہ اس بات کی دلیل ہے کہ وہ مروجہ نصاب کے مطابق پڑھے لکھے ہوں گے۔ کم سے کم اتنی فارسی تو ضرور جانتے ہی ہوں گے کہ اگر چاہتے تو میر یا سودا، مصحفی یا انشا، آتش یا ناسخ کے رنگ کی شاعری کو اختیار کر سکتے تھے۔ پھر ان کے کلام سے بھی پتہ چلتا ہے کہ وہ فارسی زبان اور فارسی شاعری سے کافی واقف اور مانوس تھے۔ لیکن انہوں نے بالقصد دلی اور لکھنؤ دونوں دبستانوں سے بالکل الگ اپنا ایک رنگ نکالا۔

اس لئے کہ وہ دیکھ رہے تھے کہ مروجہ اردو شاعری کو نہ ملکی رسوم و روایات سے کوئی تعلق ہے اور نہ عوام کی زندگی سے اور وہ مقدس الہامی کتابوں کی آیات کی طرح ہمیشہ ایک چیدہ اور برگزیدہ لوگوں کے حلقہ کی چیز بنی رہے گی۔ عوام زیادہ سے زیادہ اس کو صحف سماوی کے قسم کی چیز سمجھ کر اس سے مرعوب رہیں گے، لیکن اس سے کوئی اثر قبول نہیں کر سکتے۔ اس احساس کے ماتحت انہوں نے ایسی شاعری کی بنیاد ڈالی جو اپنے ملک کی پیداوار معلوم ہو، جس سے کثیر سے کثیر تعداد میل اور یگانگت محسوس کرے، جو عوام کی روز مرہ زندگی کی نمائندگی کرے اور جس میں یہ صلاحیت ہو کہ عوام کی زندگی کی ترکیب میں داخل ہو کر اس کی تہذیب و ترقی میں مددگار ثابت ہو سکے۔ نظیر کے کلام کے مطالعہ سے پڑھنے والے پر جو مجموعی اثر ہوتا ہے، وہ یہ ہے کہ یہ شخص اردو شاعری میں واقعیت اور جمہوریت کی بنیاد ڈالنے کی پہلی کوشش کر رہا ہے۔

یہ بڑی بات تھی کہ نظیر کسی کے شاگرد نہ تھے۔ کم سے کم اس کا پتہ نہیں چلتا۔ ان کا

کلام پڑھ کر یہ احساس ضرور ہوتا ہے کہ ہندی کے بعض شعراء کا اثر ان پر خاصا ہے، خصوصیت کے ساتھ کبیر کا، یا پھر میر سے وہ کچھ متاثر معلوم ہوتے ہیں، لیکن انہوں نے اپنی شاعری کے لئے جو نیا رستہ نکالا وہ کبیر اور میر دونوں کے راستوں سے منفرد اور ممتاز ہے۔ شاعری کا ملکہ ان کے اندر فطرتاً موجود تھا اور انہوں نے صرف فطرت اور حقیقت کو اپنا استاد بنایا۔ اگر یہ کہا جائے کہ نظیر اکبر آبادی اپنے رنگ کے موجد تھے جو انہیں پر ختم ہو گیا تو یہ کوئی تنقیدی بات نہ ہو گی، اس لئے کہ اکثر بڑے شاعر اپنے رنگ کے موجد ہی ہوتے ہیں۔ غالب اپنے رنگ کے موجد تھے اور خود ہی اس کے خاتم بھی ہوئے۔ جرأت بھی اپنے رنگ کے موجد تھے۔ اس لئے نظیر کے متعلق صرف یہ کہنا کہ وہ اپنے رنگ کے موجد تھے کافی نہیں۔ وہ اپنے رنگ کے صرف موجد ہی نہیں تھے بلکہ اور رنگوں کے منکر بھی تھے۔ انہوں نے سارے مروجہ اسالیب وصور ہی سے انحراف کیا۔

سب سے پہلی بات جو پہلی ہی نظر میں معلوم ہو جاتی ہے، وہ یہ ہے کہ اگر قصائد اور مثنویات کو نظم میں شمار نہ کیا جائے اور نظم کی اصطلاح کو جدید معنوں میں استعمال کیا جائے تو نظیر اردو کے پہلے نظم نگار ہیں۔ لکھنے کے لئے انہوں نے غزلیں بھی لکھی ہیں، اس لئے کہ غزل کا ہر طرف زور تھا اور کوئی شاعر اس وقت تک شاعر تسلیم نہیں کیا جا سکتا جب تک کہ وہ اپنے کو غزل کا مرد میدان ثابت نہ کر دے، لیکن اول تو غزل نظیر کا کارنامہ نہیں ہے۔ وہ اپنی نظموں کے بل پر زندہ رہے اور زندہ رہیں گے۔ دوسرے باوجود اس کے کہ غزل میں اپنے اجتہاد اور مروجہ رسوم وروایات سے انحراف کی سب سے کم گنجائش ہے، نظیر نے حتی الامکان اپنے لب ولہجہ اور انداز بیان سے اس کی کوشش کی ہے کہ وہ زمین کے ہی قریب رہیں اور ان کی باتیں آسمانی باتیں نہ ہونے پائیں۔ مثال کے طور پر چند شعر سنئے،

پیش جاتی نہیں ہر گز کوئی تدبیر نظیر
کام جب آن کے پڑتا ہے زبر دستوں سے
اپناوہ خوش لباس بسنتی دکھا نظیر
چمکایا حسن یار نے کیا کیا بسنت کا
جو دل تھا وصل میں آباد تیرے ہجر میں آہ
بنی ہے شکل اب اس کی اجاڑ بن کی سی
ہزار تن کے چلیں بانکے خوبرو لیکن
کسی میں آن نہیں تیرے بانکپن کی سی
وہ دیکھ شیخ کو لاحول پڑھ کے کہتا ہے
یہ آئے دیکھئے ڈاڑھی لگائے سن کی سی
کہاں تو اور کہاں اس پری کا وصل نظیر
میاں تو چھوڑ یہ باتیں دیوانہ پن کی سی
دیکھ کر کرتی گلے میں سبز دھانی آپ کی
دھان کے بھی کھیت نے اب آن مانی آپ کی

یا وہ غزل جس میں نظیر نے اپنے یار کو بسنت کی خوشخبری سنائی ہے اور جس کا مطلع یہ ہے،

مل کر صنم سے اپنے ہنگام دل کشائی
ہنس کر کہا یہ ہم نے اے جاں بسنت آئی

نظیر اکبر آباد خیالات کے شاعر نہیں ہیں بلکہ واقعات کے شاعر ہیں۔ وہ جانتے تھے کہ خیالات انسان کو بہکا کر دنیائے آب وگل سے دور لے جاتے ہیں اور اس کے اندر

انسانی ہمدردی باقی نہیں رہنے دیتے۔ شعوری یا غیر شعوری طور پر ان کے اندر یہ احساس کام کر رہا تھا کہ انسان کا سب سے بڑا انسانی جرم وہ ہے جو وہ بلند خیالی اور بلند معیاری کے پردے میں کرتا ہے۔ خود اپنے خیالات کو اتنا بلند کر لینا اور اپنے مذاق کو اتنا رچ لینا کہ آپ ساری خلقت انسانی سے الگ ایک مخلوق ہو جائیں اور عوام الناس آپ کو ادنی اور حقیر نظر آنے لگیں، کوئی بہت بڑا اکتساب نہیں ہے۔

نظیر کے کلام کو پڑھنے سے ایسا محسوس ہوتا ہے کہ ایک خوش دل اور شگفتہ مزاج رفیق مل گیا ہے جس کو انسان اور انسانی دنیا سے محبت ہے، جو انسان کی بے قدری نہیں کرتا، جو انسانی زندگی کی کم مائیگی کا احساس پیدا کر کے دلوں کو افسردہ نہیں کرتا، جو اپنی رفاقت سے ہمارے اندر ایک تقویت پیدا کرتا ہے اور ہم کو یہ اطمینان دلاتا ہے کہ زندگی صرف دکھ درد کا نام نہیں ہے، ہنسی خوشی بھی زندگی ہی کی باتیں ہیں، یہاں کانٹے بھی ہیں، پھول بھی ہیں۔ کانٹوں کو نظر میں رکھو اور پھولوں سے دل خوش کرو۔

نظیر ہندوستان کے شاعر تھے اور ہندوستان کی جمہوری زندگی کو انہوں نے اپنی شاعری کا موضوع بنایا اور اسالیب اور لب و لہجہ کو عوام سے ہم سطح رکھا۔ یہاں تک کہ ان کی شاعری کو عامیانہ اور بازاری سمجھا جانے لگا۔ لیکن ان کا نفس جمہور کا نفس اور ان کا ضمیر سماج کا ضمیر تھا، جس کو ایسے اعتراضات کی پرواہ نہیں تھی۔ انہوں نے کہیں کھلے الفاظ میں کہا نہیں ہے، مگر ان کا انداز بتاتا ہے کہ وہ شاعری کو جمہوری زندگی کا آئینہ سمجھتے تھے۔ شاعر کو کوئی حق نہیں کہ وہ خلق اللہ کی زندگی سے بیگانگی برتے اور اپنے کو ان سے علیحدہ اور برگزیدہ سمجھے اور حقیقت یہ ہے کہ جو شاعر اپنے کو ایک مخصوص اور برگزیدہ حلقہ یا طبقہ کی چیز سمجھتا ہے اور عوام کی زندگی کو قابل اعتنا نہیں سمجھتا وہ معاشرت اور سماج کا مجرم ہے۔

نظیر خالص ہندوستانی شاعر تھے۔ ہندوستان کی زندگی اور ہندوستان کے رسوم و روایات ان کی شاعری کے لازمی عناصر ہیں۔ وہ اپنے گردوپیش کی زندگی کے عام سے عام واقعات کے ساتھ سچی موانست رکھتے ہیں اور انہیں سے اپنی شاعری کے لئے مواد حاصل کرتے ہیں۔ نظیر اردو کے پہلے شاعر ہیں جن کا کلام پڑھ کر ہندوستان کے حالات اور عام معاشرت اور یہاں کے رسم ورواج کے متعلق معلومات حاصل کئے جا سکتے ہیں۔ مثال کے طور پر "برسات کی بہاریں" دیکھئے،

مارے ہیں موج ڈابر دریا ڈونڈ رہے ہیں
مور وپپہیے کوئل کیا کیا ڈمنڈ رہے ہیں
جھڑ کر رہی ہیں ندیاں نالے امنڈ رہے ہیں
برسے ہے مینھ جھڑا جھڑ بادل گھمنڈ رہے ہیں
کیا کیا مچی ہیں یارو برسات کی بہاریں
کتنوں کو محلوں اندر ہے عیش کا نظارا
یا سائبان ستھرا یا بانس کا اُسارا
کرتا ہے سیر کوئی کوٹھے کا لے سہارا
مفلس بھی کر رہا ہے پولے تلے گزارا
کیا کیا مچی ہیں یارو برسات کی بہاریں
سبزوں پہ بیر بہٹی ٹیلوں اوپر دھتورے
پسو سے مچھروں سے روئے کوئی بسورے
بچھو کسی کو کاٹے کیڑا کسی کو گھورے
آنگن میں کنسلائی کونوں میں کنکھجورے

کیا کیا مچی ہیں یارو برسات کی بہاریں

آپ نے دیکھا اردو شاعری اب تک اس زبان اور اس انداز سے نا آشنا تھی۔ اگر شعراء برسات کا نقشہ کبھی کھینچتے بھی تھے تو وہ نہ جانے کس خطہ کی برسات ہوتی تھی۔ نظیر کوشش کے ساتھ یہ زبان اور یہ اسلوب استعمال کرتے ہوئے معلوم ہوتے ہیں۔ وہ نہ صرف یہ چاہتے تھے کہ ان کی شاعری موضوع اور زبان دونوں کے اعتبار سے عوام کی زندگی اور ان کے جذبات و خیالات سے قریب ہو، بلکہ جہاں تک ہو سکے خواص کی دنیا سے دور اور ان کے لئے غیر مانوس ہو۔ اس لحاظ سے نظیر اور ہندی کے مشہور کوی کبیر داس میں خاصی مناسبت نظر آتی ہے۔ کبیر داس کی بھی یہی کوشش ہوتی ہے کہ ان کی زبان وہ ہو جس کو عوام کی زبان کہہ سکیں اور جس کو خواص کی مہذب اور مصنوعی زبان سے کوئی واسطہ نہ ہو۔

کبیر اور نظیر دونوں کی زندگی اور دونوں کی شاعری اس بات کا پتہ دیتی ہے کہ وہ خواص سے اپنے کو بیگانہ پاتے تھے۔ اس لئے کہ خواص اپنے کو خدا کی خاص مخلوق سمجھتے ہیں اور عوام کو ادنی اور ذلیل سمجھ کر نفرت کی نگاہ سے دیکھتے ہیں اور پھر یہ بھی نہیں کہ ان کو قابل نفرت قرار دے کر ان سے بے تعلق ہو جائیں، بلکہ ان کے حقوق کو غصب کرنے کے لئے اوران سے خدمتیں لینے کے لئے ان کی گردنوں پر تسمہ پا کی طرح سوار بھی رہتے ہیں۔ کبیر اور نظیر دونوں صحیح معنوں میں جمہوری شاعر تھے۔ فرق یہ ہے کہ کبیر کے خلوص اور ان کی بڑھی ہوئی انسانیت پر ان کی وہ جھلاہٹ غالب آگئی تھی جو ان کو اپنے ماحول اور اپنے زمانہ کے سماجی نظام سے تھی اور ان کے اندر کلبیت (Cynicism) کا بھی ایک میلان پیدا ہو گیا تھا۔ یہی وجہ ہے کہ باوجود اس کے کہ ان کی زبان عوام کی زبان ہوتی ہے۔ ان کے خیالات ایسا انوکھا پیرایہ لئے ہوتے ہیں کہ عوام و خواص دونوں

ان کو سمجھنے سے قاصر رہ جاتے ہیں۔ ایسا معلوم ہوتا ہے کہ شاعر انتہائی ضد میں نہیں چاہتا کہ کوئی اس کی بات کو سمجھے۔

نظیر فطرتاً خوش مزاج تھے۔ یہی خوش مزاجی ان کی زندگی اور ان کی شاعری کا سب سے بڑا جوہر ہے۔ افسردگی اور اضمحلال، یا خفگی اور جھلاہٹ کو ان کی طبیعت سے کوئی لگاؤ نہیں تھا۔ وہ انسان کو فطرتاً ایک اچھی مخلوق اور اس کی زندگی کو اصلیت کے اعتبار سے ایک اچھی زندگی سمجھتے تھے اور اس میں جتنی خرابیاں ہیں ان کو خارجی اور عارضی خیال کرتے تھے جو اس قابل نہیں کہ اس پر اپنی توجہ ضائع کی جائے۔ دنیا کے شاعروں نے بالعموم اردو اور فارسی شاعروں نے بالخصوص انسانی زندگی کی بنیادی خرابیوں پر اس قدر زور دیا ہے کہ اب وہ "اوج ثریا" تک ہم کو خراب نظر آنے لگی ہے۔

نظیر کا سارا کلام پڑھ جایئے، آپ کو کبھی یہ احساس نہیں ہوگا کہ ہماری زندگی کوئی خراب چیز ہے۔ ان کے کلام میں جابجا سوزوگداز اور دردمندی بھی موجود ہے، بالکل اسی طرح جس طرح واقعی زندگی میں بھی یہ عناصر جابجا موجود ہوتے ہیں، مثلاً جوگی نامہ، جوگن نامہ، یا وہ مسلسل غزل پڑھئے جس کے دو شعر مطلع اور مقطع یہ ہیں۔

یہ جواہر خانہ دنیا جو ہے با آب و تاب
اہل صورت کا ہے دریا اہل معنی کا سراب
خواب کہیئے اس تماشے کو نظیر اب یا خیال
کچھ کہا جاتا نہیں واللہ اعلم بالصواب

تو ان سے ہمارے دلوں میں سوزوگداز اور درمندی کی ایک ہلکی اور لطیف کیفیت تو ضرور پیدا ہوتی ہے، لیکن ہم افسردہ اور زندگی سے دل برداشتہ نہیں ہوتے۔ جو نظمیں خالص اخلاقی مقصد سے لکھی گئی ہیں، ان کو پڑھ کر بھی ہمارا دل دنیا سے سرد نہیں ہوتا اور

ہم تیاگ ویراگ کی طرف نہیں مائل ہوتے۔ بنجارہ نامہ، ہنس نامہ، فنانامہ پڑھ کر ہم اپنے اندر بس ایک آگاہی پانے لگتے ہیں، جیسے کسی نے سوتے سوتے چونکا دیا ہو اور ہم ہوشیار ہو گئے ہوں 'کلجگ' جیسے عنوان پر بھی نظیر جب لکھتے ہیں تو اس سے ہمارے اندر ہوشیاری کے ساتھ ساتھ زندگی کی ایک نئی لہر پیدا ہوتی ہے۔ جس کو دنیا کلجگ کہتی ہے نظیر اس کو کر جگ بتاتے ہیں اور سمجھاتے ہیں۔

جو چاہے لے چل اس گھڑی سب جنس یاں تیار ہے
آرام میں آرام ہے آزار میں آزار ہے
اوروں کا بیڑا پار کر تیرا بھی بیڑا پار ہے
کلجگ نہیں کر جگ ہے یہ یاں دن کو دے اور رات لے
کیا خوب سودا نقد ہے اس ہاتھ دے اس ہاتھ لے
اپنے نفع کے واسطے مت اور کا نقصان کر
تیرا بھی نقصان ہوئے گا اس بات پر تو دھیان کر
کھانا جو کھا تا تو دیکھ کر پانی پئے تو چھان کر
یاں پاؤں کو رکھ پھونک کر اور خوف سے گزران کر
کلجگ نہیں کر جگ ہے یہ یاں دن کو دے اور رات لے
کیا خوب سودا نقد ہے اس ہاتھ دے اس ہاتھ لے

دیکھا آپ نے اچھا خاصا "معاشرتی عہدنامہ" ہے۔ روسو نے "معاشرتی معاہدہ" کا پیغام اس سے زیادہ کیا کہا ہے؟ اصلاحی جزئیات سے قطع نظر کر لیجئے تو آج اشتراکیت اور جمہوریت اس سے زیادہ اور کیا چاہتی ہے؟ پرنس کروپاٹکن نے اپنی مشہور کتاب "امداد باہمی" (Mutualaid) میں اور کیا بتایا ہے؟ "زندہ رہو اور زندہ رہنے دو" کا جو نعرہ اس

وقت بلند ہو رہا ہے وہی نظیر کے کلجگ کا بھی پیغام ہے۔ "زندہ رہو اور زندہ رہنے دو اور سب کو زندہ دیکھ کر خوش ہو۔" اردو میں نظیر پہلے شاعر ہیں جن کی شاعری انسانیت کی آواز معلوم ہوتی ہے اور جو انسانیت کی فطری اور اصلی قدر سے ہم کو آگاہ کرتی ہے۔

نظیر کی شاعری میں شروع سے آخر تک وہ عنصر چھایا ہوا ہے جس کو "روح عصر" (ZEITGEIST) کہتے ہیں اور جدید اصول تنقید کی رو سے جس کے بغیر ادب صحیح معنوں میں ادب نہیں ہوتا ہے۔ اردو شاعری میں یہ عنصر کم ہے اور جس قدر ہے وہ اتنے پردوں میں ہے کہ اس کو پہچاننا اور نامزد کرنا مشکل معلوم ہوتا ہے۔ اردو کا کوئی شاعر ایسا نہیں جس کا کلام پڑھ کر اس کے زمانہ کی معاشرت اور سماجی حالات کا صحیح اندازہ ہو سکے۔ ہاں اگر شاعر قصیدہ گو ہوا تو زیادہ سے زیادہ ہم یہ بتا سکتے ہیں کہ وہ کس بادشاہ کے زمانے میں تھا، یا کس امیر کے دربار سے توسل رکھتا تھا۔ بر خلاف اس کے نظیر کا کلام اپنے وقت اور اپنے ماحول کا آئینہ ہے۔

واقعات و حالات اور رسوم و روایات کی جیسی زندگی سے معمور تصویریں نظیر نے ہم کو دی ہیں، وہ اردو شاعری کے حصے کی چیزیں نہیں تھیں۔ ایسی مرقع نگاری میر حسن اور میر انیس کے بھی بس کی بات نہیں تھی۔ ایسے مرقعے تو کچھ انگریزی شاعری کے مورث اعلیٰ چاسر ہی کے یہاں نظر آتے ہیں۔ یہ محاکاتی قدرت کچھ چاسر ہی کو نصیب ہوئی تھی۔ فرق یہ ہے کہ چاسر نے ہر طبقہ اور ہر جماعت کی تصویریں اتاری ہیں۔ نظیر نے اس کا کوئی اہتمام نہیں رکھا اور جمہور کی روزمرہ کی زندگی سے واسطہ رکھا۔ وہ اسی کو زندگی سمجھتے تھے جو کثیر سے کثیر تعداد اور وسیع سے وسیع دائرہ پر احاطہ کرے۔ اگر اولیت کے اعتبار سے ولی کو اردو شاعری کا چاسر کہنا چاہئے تو فنی مماثلت کے اعتبار سے نظیر اردو شاعری کے چاسر ہیں۔

نظیر جس چیز یا جس واقعہ کو بیان کرتے ہیں اس کی ہو بہو تصویر اتار کر رکھ دیتے ہیں جیسے اصل کا ایک مثنٰی تیار کر دیا ہو۔ "آگرہ کی تیراکی" کا جو نقشہ نظیر نے کھینچا ہے، اس کا لطف اس وقت بھی خوانچہ والوں سے لے کر شہر کے رئیسوں تک ہر وہ شخص اٹھا سکتا ہے جو ایک گزرے ہوئے زمانہ اور ایک اٹھی ہوئی رسم کو ابھی ایک دم نہ بھول گیا ہو۔ چند بند ملاحظہ ہوں،

جھرنے لے کے یارو سجا کا تا پیالہ
چھتری سے برج خونی دارا کا چو نترا کیا
مہتاب باغ سید تیلی قلعہ و روضہ
غل شور کی بہاریں انبوہ سیر چرچا
ہر اک مکاں میں ہو کر ہشیار پیرتے ہیں
اس آگرہ میں کیا کیا اے یار پیرتے ہیں

باغ حکیم اور جو شیو داس کا چمن ہے
ان میں جگہ جگہ پر مجلس ہے انجمن ہے
میوہ مٹھائی کھانے اور ناچ دل لگن ہے
کچھ پیرنے کی دھو میں کچھ عیش کا چلن ہے
ہر اک مکاں میں ہو کر ہشیار پیرتے ہیں
اس آگرہ میں کیا کیا اے یار پیرتے ہیں

برسات میں جو آکر چڑھتا ہے خوب دریا
ہر جا کھری و چادر بند اور ناند چکوا
مینڈا بھنورا اچھالن چکر سمیٹ مالا

مینڈا گھمیر تختہ کسے پچھاڑ کر آ
واں بھی ہنر سے اپنے ہشیار پیرتے ہیں
اس آگرہ میں کیا کیا اے یار پیرتے ہیں

تربینی میں اہاہا ہوتی ہیں کیا بہاریں
خلقت کے ٹھٹھ ہزاروں پیراک کی قطاریں
پیریں، نہاویں، اچھلیں، کودیں، لڑیں، پکاریں
لیتے وہ چھینٹ غوطے کھا کھا کے ہاتھ ماریں
کیا کیا تماشے کر کر اظہار پیرتے ہیں
اس آگرہ میں کیا کیا اے یار پیرتے ہیں

جاتے ہیں ان میں کتنے پانی پہ صاف سوتے
کتنوں کے ہاتھ پنجرے کتنوں کے سر پہ طوطے
کتنے پتنگ اڑاتے کتنے سوئی پروتے
حقوں کا دم لگاتے ہنس ہنس کے شاد ہوتے
سو سو طرح کا کر کر بستار پیرتے ہیں
اس آگرہ میں کیا کیا اے یار پیرتے ہیں

کچھ ناچ کی بہاریں پانی کے کچھ لتاڑے
دریا میں مچ رہے ہیں اندر کے سو اکھاڑے
لبریز گلرخوں سے دونوں طرف کرارے
بجرے و ناؤ چپو ڈونگی بنے نواڑے
ان جمگھٹوں سے ہو کر سرشار پیرتے ہیں

اس آگرہ میں کیا کیا اے یار پیرتے ہیں

سچ تو یہ ہے کہ یہ واقعہ نگاری چاسر کے بوتے کی بھی بات نہیں تھی۔ چاسر اتنی وسیع واقفیت اور اس قدر متنوع معلومات کہاں سے لاتا؟ نظیر کی زندگی ہی ایسی گزری کہ ان کے تجربات اور معلومات کا اس قدر وسیع اور ہمہ گیر ہونا لازمی تھا۔ نظیر نے اپنا دائرہ موضوع کسی خاص فرقہ کی زندگی تک محدود نہیں رکھا۔ انہوں نے نہ اپنی زندگی میں مذہب اور مشرب کو کوئی اہمیت دی نہ شاعری میں۔ سب جانتے ہیں کہ ان کی زندگی کے بیشتر اوقات ہندوؤں میں گزرے۔ اس کے اور اسباب جو کچھ بھی ہوں، مگر ایک اہم سبب یہ ضرور تھا کہ نظیر جمہور پرست تھے اور ان کو احساس ہو رہا تھا کہ یہ مذہبی امتیازات بھی سماجی مدارج کی طرح خواص کے پھیلائے ہوئے فساد ہیں۔ نظیر نے ہندوؤں کے رسوم و روایات کی طرف زیادہ توجہ رکھی، اس لئے کہ وہ دیکھ رہے تھے ہندوستان کی معاشرت کے غالب عناصر یہی ہیں۔

نظیر نے یوں تو حمد، نعت، معجزہ حضرت علیؓ اور معجزہ حضرت عباسؓ سبھی پر نظمیں لکھی ہیں، لیکن ہم جانتے ہیں کہ یہ سب محض برائے بیت ہیں۔ ان میں وہ جان نہیں ہے جو کنھیا جی کے جنم، بانسری، ہر کی تعریف، مہادیو جی کے ایک ایک لفظ میں موجود ہے۔ نظیر کا قلم انہیں چیزوں میں جان پیدا کر سکتا تھا جن سے ان کے ملک کی عام زندگی میں جان تھی۔ آپ ساری "کلیات نظیر" پڑھ جایئے صرف ایک نظم "عید الفطر" کے بیان میں ملے گی اور اس میں وہ زور و کیفیت اور وہ بے ساختگی نہیں ہے جو دیوالی، ہولی، بلدیو جی کا میلہ میں ہے۔ چند مثالیں ملاحظہ ہوں۔ ایک ہولی کے بیان میں لکھتے ہیں،

ہو ناچ رنگیلی پریوں کا بیٹھے ہوں گلرو رنگ بھرے

کچھ بھیگی تانیں ہولی کی کچھ ناز و ادا کے رنگ بھرے

دل بھولے دیکھ بہاروں کو اور کانوں میں آہنگ بھرے
کچھ طبلے کھڑکیں رنگ بھرے کچھ عیش کے دم منہ چنگ بھرے
کچھ گھنگھرو تال جھنکتے ہوں تب دیکھ بہاریں ہولی کی
اس رنگ رنگیلی مجلس میں وہ رنڈی ناچنے والی ہو
منہ جس کا چاند کا ٹکڑا ہو اور آنکھ بھی مے کی پیالی ہو
بدمست بڑی متوالی ہو ہر آن بجاتی تالی ہو
مے نوشی ہو، بیہوشی ہو، بھڑوے کے منہ پر گالی ہو
بھڑوے بھی بھڑوا بکتے ہوں تب دیکھ بہاریں ہولی کی

اسی ہولی کا دوسری جگہ یوں نقشہ کھینچتے ہیں،

یا سوانگ کہوں یا رنگ کہوں یا حسن بتاؤں ہولی کا
سب ابرن تن پر جھمک رہا اور کیسر کا ماتھے ٹیکا
ہنس دینا ہر دم ناز بھرا دکھلانا سج دھج شوخی کا
ہر گالی مصری قند بھری ہر ایک قدم اٹکھیلی کا
دل شاد کیا اور موہ لیا یہ جوبن پایا ہولی نے
ہر جاگہ تھال گلالوں سے خوش رنگت کی گلکاری ہے
اور ڈھیر عبیروں کے لاگے سو عشرت کی تیاری ہے
ہیں راگ بہاریں دکھلاتے اور رنگ بھری پچکاری ہے
منھ سرخی سے گلنار ہوئے تن کیسر کی سی کیاری ہے
یہ روپ جھمکتا دکھلایا یہ رنگ دکھایا ہولی نے

دیوالی کا جشن دیکھئے،

ہر اک مکان میں جلا پھر دیا دیوالی کا
ہر اک طرف کو اجالا ہوا دوالی کا
سبھی کے دل میں سماں بھا گیا دوالی کا
کسی کے دل کو مزہ خوش لگا دوالی کا
عجب بہار کا دن ہے بنا دوالی کا

جہاں میں یارو عجب طرح کا ہے یہ تیوہار
کسی نے نقد لیا اور کوئی کرے ہے ادھار
کھلونے کھیلوں بتاسوں کا گرم ہے بازار
ہر اک دکان میں چراغوں کی ہو رہی ہے بہار
سبھوں کا فکر ہے اب جا بجا دوالی کا

مکان لیپ کے ڈھلیا جو کوری رکھوائی
جلا چراغ کو کوڑی وہ جلد جھنکائی
اصل جواری تھے ان میں تو جان سی آئی
خوشی سے کود اچھل کر پکارے او بھائی
شگون تم کرو پہلے ذرا دیوالی کا

شگن کی بازی لگی پہلی بار گنڈے کی
پھر اس سے بڑھ کے لگی تین چار گنڈے کی
پھری جو ایسی طرح بار بار گنڈے کی
تو آکے لگنے لگی پھر ہزار گنڈے کی
کمال نرخ لگا پھر تو آ دیوالی کا

کسی کو داؤ پہ لا مکی موٹھ نے مارا
کسی کے گھر پہ دھرا سوختہ نے انگارا
کسی کو نرو نے چوپڑ کے کر دیا زارا
لنگوٹی باندھ کے بیٹھا ازار تک ہارا
یہ شور آکے مچا جا بجا دیوالی کا

"راکھی" سے چند شعر ملاحظہ ہوں،

چلی آتی ہے اب تو ہر کہیں بازار کی راکھی
سنہری سبز ریشم زرد اور گلنار کی راکھی
بنی ہے گو کہ نادر خوب ہر سردار کی راکھی
سلونوں میں عجب رنگین ہے اس دلدار کی راکھی
نہ پہنچے ایک گل کو یار جس گلزار کی راکھی

مچی ہے ہر طرف کیا کیا سلونوں کی بہار اب تو
ہر اک گلرو پھرے ہے راکھی باندھے ہاتھ میں خوش ہو
ہوس جو دل میں گزرے ہے کہوں کیا آہ میں تم کو
یہی آتا ہے جی میں بن کے باھمن آج تو یارو
میں اپنے ہاتھ سے پیارے کے باندھوں پیار کی راکھی

پھریں ہیں راکھیاں باندھے جو ہر دم حسن کے تارے
تو ان کی راکھیوں کو دیکھ میری جاں چاؤ کے مارے
پہن زنار اور قشقہ لگا ماتھے اوپر بارے
نظیر آیا ہے باھمن بن کے راکھی باندھے پیارے

بندھالو اس سے تم ہنس کر اب اس تیوہار کی راکھی

ان نظموں میں سب سے زبردست خصوصیت وہ انسانی انداز اور وہ واقعیت ہے جس کی مثالیں اردو تو خیر ایک طرف دوسری زبانوں میں بھی کم ہی ملتی ہیں۔ ہمارے مدعیان فضیلت نے نظیر کی اس انسان پرستی کو سوقیت اور ابتذال کہہ کر بدنام کرنا چاہا جس کا نتیجہ یہ ہوا کہ ایک مدت تک نظیر کی طرف توجہ کرنے کی لوگوں کی ہمت نہیں ہوئی۔ مگر حقیقت کے اوپر اگر پردہ ڈالا جائے تو زیادہ عرصہ تک نہیں ٹھہر سکتا۔ اس وقت بھی لوگوں کو احساس تھا کہ نظیر اردو شاعری میں ایک نئے امکان اور ایک نئی قوت کو بروئے کار لاتا ہے۔ البتہ اس وقت مذاق اور معیار کے اجارہ داروں کا رعب کچھ ایسا طاری تھا کہ کوئی زبان سے وضع اور عادت کے خلاف کسی رائے کا اظہار نہیں کر سکتا تھا۔ مگر اب ہماری زندگی میں نئی قدریں اور نئے معیار پیدا ہو گئے ہیں اور ہمارے مذاق اور میلانات بندشوں سے آزاد ہو رہے ہیں۔ اب ہم کو صحیح احساس ہو رہا ہے کہ نظیر نے اردو شاعری کو کیا دیا۔ اور اب ہم اس کا اعتراف بھی کر رہے ہیں۔ نظیر نے اردو میں خارجی اور واقعی شاعری کا امکان پیدا کیا اور اس کو ایک جمہوری چیز بنا کر پیش کیا۔

نظیر کا حق مارنے کی ہمارے شاعروں اور نقادوں نے بڑی کوشش کی مگر حق کبھی نہ کبھی حقدار کو پہنچ ہی جاتا ہے۔ بظاہر نظیر ہم کو اپنے تنہا رنگ کے تنہا شاعر نظر آتے ہیں جس کی نہ کسی نے تعریف کی نہ تقلید۔ لیکن غائر نظر ڈالئے تو معلوم ہو گا کہ نظیر کا اثر آئندہ نسلوں پر کتنی دور تک ہوا ہے، بالخصوص غدر کے بعد اردو شاعری نے جو نیا جنم لیا ہے اور نظم نگاری کی جو تحریک پھیلی ہے اس میں کہیں شعوری اور کہیں غیر شعوری طور پر نظیر کا اثر برابر کام کر تا رہا ہے۔ حالی اور آزاد جو جدید نظم اردو کے دو زبردست معمار ہیں، نظیر سے اثر قبول کئے بغیر نہیں رہ سکتے تھے۔ اسماعیل میرٹھی کے وہاں تو یہ اثر اور

بھی واضح اور نمایاں ہے۔

میرا دعویٰ ہے کہ ہماری زبان میں اگر ریچھ کا بچہ، کورا برتن، تندرستی نامہ، اوس، موسم زمستاں، برسات کی بہاریں، بنجارہ نامہ، ہنس نامہ، مفلسی وغیرہ نظمیں موجود نہ ہوتیں تو برکھارت، رحم وانصاف کا جھگڑا، اسلم کی بلی، دال اور حالی اور اسماعیل کی اور اسی قسم کی نظمیں ابھی نہ جانے کتنی دیر بعد ہم کو ملتیں اور ان کے راستے میں نہ جانے کیا کیا دقتیں ہوتیں۔ اس کو مانتے ہوئے ہماری طبیعت ہچکچاتی ہے، اس لئے کہ حالی سے لے کر اس وقت تک اردو کے نظم نگاروں کا اسلوب عموماً نظیر کی یاد نہیں دلاتا۔

نظم میں بھی اسی فضیلت شاہی کا رواج چلا جو غزل اور قصیدہ میں چلتا رہا اور غیر ملکی عناصر ہماری شاعری میں کم وبیش اسی طرح غالب رہے، لیکن حالی کی برکھارت، مناجات بیوہ، شکوہ ہند اور اسماعیل میرٹھی کی اکثر نظموں میں نظیر کا کافی رنگ ہے جو ان شاعروں کے اپنے انفرادی رنگ کے ساتھ سمویا ہوا ہے۔ ان لوگوں کے بعد اردو نظم کے آمر اقبال ہوئے جو فطرتاً ایک مفکر شاعر تھے۔ انہوں نے محسوس کیا کہ وہ جب تک فارسیت میں پناہ نہ لیں اپنے خیالات کو، جو ایک خاص سطح سے تھے، ادا نہیں کر سکتے تھے۔ اگرچہ وہ اپنے نغمہ کو "ہندی" بتاتے ہیں، مگر ان کو زبان میں ہندی عنصر اور الفاظ کی جتنی کمی ہے شاید ہی کسی دوسرے اردو شاعر میں ہو۔ ایک عرصہ تک وہ اردو نظم کے قائد اعظم رہے اور نظم نگاروں کی نئی نسل ان کی تقلید کو اپنے لئے فخر سمجھتی رہی۔

لیکن گزشتہ بیس برس کے اندر اردو شاعری میں کافی انقلابی آثار پیدا ہو گئے ہیں اور اب ہم اپنی شاعری کے رواجی معیار کو اپنی نئی زندگی اور اس کے نئے میلانات اور نئے مطالبات کے لئے ناقص پا رہے ہیں۔ اب ہم کو احساس ہو رہا ہے کہ ہم کیسی دنیا کے حصہ میں ہیں اور کیسی زندگی بسر کر رہے ہیں۔ اس احساس کا اثر ہماری شاعری پر بھی نمایاں

طور پر پڑ رہا ہے۔ ہماری شاعری کے معیار اور اسلوب بدل رہے ہیں۔ اس وقت اگر کوئی شاعر ہم پر صحت بخش اثر ڈال سکتا ہے تو وہ نظیر اکبر آبادی ہیں۔

ہماری شاعری میں اب بھی واقعیت کے مقابلہ میں تخیلیت اور جمہوریت کے مقابلہ میں انفرادیت کا عنصر ناگوار حد تک غالب ہے۔ اپنے حال میں مبتلا رہنا اور اپنے نفس کے اندر کھو جانا اردو شاعر کا مزاج ہو گیا ہے اور اب اس کو اس طلسمی حصار سے باہر لانے کے لئے نظیر ہی جیسے رہبر کی ضرورت ہے جو ہم کو خارجیت کی طرف لے جاتا ہے اور آنکھیں کھول کر خدا کی وسیع دنیا سے کیف اندوز ہونے کی دعوت دیتا ہے۔ ساری اردو شاعری میں ہم کو نظیر ہی ایک ایسی ہستی ملتی ہے جو اپنے نفس کے زنجیروں میں جکڑی ہوئی نہیں ہے۔ یہ محض میرا دعوی نہیں ہے، میں خلا میں باتیں نہیں کر رہا ہوں بلکہ بالکل نئی نسل کے ان شاعروں کو پڑھئے جو جمہوریت اور انقلاب کی طرف مائل ہیں تو ان کو آپ نظیر سے قریب تر پائیں گے، اگرچہ ایسے شاعروں کی تعداد ابھی تک بہت کم ہے۔

اس سلسلہ میں مجھے ایک شاعر کا خصوصیت کے ساتھ ذکر کرنا ہے۔ مجھے حیرت تھی کہ احسان دانش کے وہاں ایسی بے لاگ خارجیت کہاں سے آئی، جس کا اردو شاعری میں ان سے پہلے پتہ نہیں چلتا۔ میری حیرت کو خود احسان دانش نے دور کر دیا۔ انہوں نے مجھے بتایا کہ انہوں نے اگر کسی شاعر کا غور اور شوق سے مطالعہ کیا ہے تو وہ نظیر ہے، اور حقیقت یہ ہے کہ یہ تفصیلی واقعیت اور یہ اضطراری عمومیت نظیر ہی کی دین ہو سکتی تھی۔ احسان دانش اردو شاعری میں بالکل نئے امکانات کا پتہ دے رہے ہیں جن کا جائزہ ابھی نہیں لیا گیا ہے اور انہوں نے ہم کو ان امکانات کو کام میں لانے کا ڈھنگ بھی بتا دیا ہے۔ ان کی شاعری اس بات کی طرف اشارہ کرتی ہے کہ اردو شاعری کیا ہو سکتی ہے اور آئندہ وہ کیا ہو گی۔ جو شاعری کہ 'باغی کا خواب' بیان کرنے کی قدرت رکھتی ہو وہ کیا نہیں ہو

سکتی اور کیا نہیں کر سکتی، اگر اس کو ایک تنگ و تاریک قفس سے نکل کر کھلے میدان میں آنے کی اجازت دے دی جائے۔

آخر میں مجھے ان لوگوں سے کچھ کہنا ہے جو اساتذہ کی رائے کی کورانہ تقلید میں نظیر کی شاعری کو مبتذل سمجھتے آئے ہیں۔ جس چیز کو ہم ابتذال بتاتے ہیں وہی نظیر کا فن ہے۔ یہ اصل میں دو عقیدوں اور دو معیاروں کا سوال ہے۔ عام طور سے ہم شاعری کو خواص کی چیز سمجھتے رہے ہیں۔ اس لئے اس کے جتنے اصول و اسالیب مرتب ہوئے وہ خواص کی معاشرت سے ماخوذ کئے گئے۔ نظیر کا عقیدہ اس کے بالکل برعکس تھا۔ وہ شاعری کو عوام کی زندگی کی چیز سمجھتے تھے۔ اس لئے انہوں نے جو اسلوب اختیار کیا وہ عوام کی زندگی سے ماخوذ تھا۔ ان کی زندگی اور ان کی شاعری دونوں میں ایسی بہت سی باتیں ملتی ہیں جو مصنوعی مروجہ مذاق اور معیار پر پوری نہیں اترتیں اور جو ایک خاص زاویہ نگاہ سے مبتذل اور سوقیانہ معلوم ہوتی ہیں۔

اس کا ایک سبب تو یہ ہے کہ نظیر کثیر سے کثیر تعداد کی زندگی کو زندگی سمجھتے تھے اور جس چیز کو ہم ابتذال یا سوقیت کہتے ہیں وہ اس کو اس کثیر سے کثیر تعداد کی زندگی کی عام اور لازمی خصوصیت پا رہے تھے۔ اس لئے اس سے احتراز کرنا ان کے خیال میں ایک قسم کی فرعونیت تھی۔ دوسرے نظیر فطرتاً بے جھجک قسم کے انسان تھے۔ ان کے کلام کے مطالعہ سے ایک یہ بھی اثر ہوتا ہے کہ یہ ایک ایسے شخص کا کلام ہے جس کے نفس میں وہ گرہیں یا رکاوٹیں (Inhibitions) بہت کم ہیں جو تہذیب و معاشرت کے خراب نتائج میں سے ہیں۔ ایسا شخص ایسی ہی شاعری کر سکتا تھا اور ایسی شاعری ایسے ہی شخص کے بس کی بات تھی جس کے اندر نفسیاتی حائلات اور مرکبات (Complexes) نہ ہوں۔ اس کو آپ اور جو جی چاہے کہہ لیجئے، لیکن وہ بڑا سچا اور بے نفس انسان ہوتا ہے۔

ریا اور تصنع سے اس کو دور کی بھی کوئی نسبت نہیں ہوتی۔

نظیر کی زندگی اور شاعری دونوں سے معلوم ہوتا ہے کہ وہ دل کے اچھے اور سچے آدمی تھے۔ جو جمہوریت اور واقعیت ان کی شاعری کی ممتاز ترین خصوصیت ہے اور جس کو اب تک ابتذال اور سوقیت سے تعبیر کیا جاتا رہا ہے وہ دراصل سچائی اور بے نفسی ہے۔ یہ سچائی اور بے نفسی بڑی پر اثر اور کارگر قوت ہوتی ہے، خاص کر اس وقت جبکہ انسان اپنے نفس کی بھول بھلیاں میں اس طرح کھو کر رہ گیا ہو کہ اس کا دم گھٹ رہا ہو اور اس کو کوئی دوسری قوت باہر نہ لا سکتی ہو۔

※ ※ ※

نظیر اکبر آبادی: ایک بار پھر

ابھی ایک مہربان دوست نے مارچ کے "جامعہ" کی طرف مجھے متوجہ کیا اور جناب سید اختر علی نے نگار کے نظیر نمبر پر جو فاضلانہ تبصرہ حوالہ قلم فرمایا ہے اس کو مجھے پڑھنا پڑا۔ فاضل تبصرہ نگار کی نظر التفات سالنامہ نگار کے تین اراکین پر خصوصیت کے ساتھ پڑی ہے جن میں خوش نصیبی سے ایک میں بھی ہوں۔ اگر یہی ہوتا کہ دائرہ سخن صرف چند افراد تک محدود ہوتا تو یہ کوئی ایسی بات نہ تھی کہ میں خواہ مخواہ اس کے جواب میں کچھ لکھتا۔ سمجھ لیتا کہ میرا مضمون اور میرے ساتھ کم و بیش بعض اور کے مضامین کو موصوف کا دل اور دماغ قبول نہ کر سکا۔ لیکن موصوف نے افراد سے ہٹ کر ایک خاص زعم درک و بصیرت کے ساتھ چند تنقیدی کلیات اور ادبی مفروضات سے بھی بحث کی ہے جن کو پڑھنے کے بعد میں اپنی اس تحریک کو دبا نہیں سکتا کہ میں بھی کچھ عرض کروں۔

قبل اس کے کہ میں اصول و کلیات کی طرف متوجہ ہوں، فاضل مبصر نے میرے مضمون کے متعلق جس "ظن بلیغ" کا اظہار فرمایا ہے اس کی بابت کچھ عرض کر دینا ضروری سمجھتا ہوں۔

میں اور میرے ساتھ تین اور حضرات نے نظیر اکبر آبادی کی شاعری سے متعلق جو عنوان نظر اختیار کیا ہے، اس کے بارے میں سب سے پہلی بات جو کہی گئی ہے وہ یہ ہے کہ "اس پر بیشتر مارکس کے خیالات کی مہریں لگی ہوئی ہیں۔" اور یہ حکم آپ نے ایک

خاص مفتیانہ لہجے میں لگایا ہے، بالکل اسی لہجے میں جس لہجے میں اب سے ایک نسل پہلے لوگوں پر کفر والحاد کے الزام لگائے جاتے تھے۔ گویا کسی خیال پر مارکس کی مہر ہونا ہی اس کے غلط یا ناپاک ہونے کی کافی دلیل ہے۔ یہ اس خطرناک ذہنیت کی علامت ہے جو صرف یہ دیکھتی ہے کہ "کس نے کہا؟" اور یہ دیکھنا پسند نہیں کرتی کہ "کیا کہا؟"

میں نے نظیر پر جو مضمون لکھا ہے اس کا مقصد اس کے عنوان ہی میں ظاہر کر دیا گیا ہے اور مجھے اپنے عنوان اور اپنے موضوع کا شروع سے آخر تک خیال رہا ہے۔ دوسرے مقامات کی بابت میں کچھ کہہ نہیں سکتا، لیکن کم سے کم میرا مقصد ہرگز یہ نہیں تھا کہ نظیر کو محض شاعر کی حیثیت سے پیش کروں۔ شاعر کا جو مفہوم اب تک سمجھا گیا ہے وہ یہ ہے کہ شاعر ایک خاص دنیا کی مخلوق ہوتا ہے اور اس کے ساتھ ایک خاص تائید غیبی ہوتی ہے۔ اس کو اپنی اس برتری کا احساس ہوتا ہے اور وہ جو بات کہتا ہے، ایک خاص مقام سے ہوتی ہے، جس کو عوام نہ کہہ سکتے نہ سمجھ سکتے ہیں۔

شاعر کی یہ تعریف نظیر پر صادق نہیں آتی اور شاعری کے اس تصور سے نظیر نے ارادی یا اضطراری طور پر انحراف کیا۔ میں نے نظیر کی اسی حیثیت پر زور دیا ہے۔ میں نے کہیں ان پر خالص جمالیاتی نظر نہیں ڈالی ہے کہ ان کے فنی نقائص کا بھی خواہ مخواہ ذکر کرتا۔ یہ تو نظیر کی بہت سطحی خصوصیات تھیں جو میرے دائرہ موضوع سے یک قلم باہر تھیں اور جن کو ہر شخص ایک اچٹتی ہوئی نگاہ میں دیکھ سکتا ہے۔

اگرچہ میرا خیال ہے کہ نظیر کی یہ فنی بے پروائیاں بھی ان کے اسی عام میلان سے منسوب کی جاسکتی ہیں جس کو میں نے "جمہوریت" بتایا ہے۔ بہرحال میں صرف نظیر کی اس حیثیت سے بحث کرنا چاہتا تھا جو ان کو اردو شاعری کے تمام اساتذہ سے ممتاز کرتی ہے اور جس کو سماجی اور عمرانی واقعیت (Social & Cultural Realism) کہتے ہیں اور

میں نے اپنے مضمون میں اس کے علاوہ اور کچھ نہیں کہا ہے کہ نظیر سے اردو شاعری میں جمہوری واقعیت کا آغاز ہوتا ہے۔ لیکن میں نے ان کو واوین کے اندر "جمہوریت پسند اشتراکی" کہیں نہیں بتایا جیسا کہ فاضل مضمون نگار نے مجھ پر الزام لگایا ہے۔

"اشتراکیت" اور "جمہوریت" کے جدید مفہوم سے مارکس اور انگلز (اس نام کا تلفظ انگلز ہے انجلز نہیں ہے) کے اشتراکی اعلان (Communist Manifisto) سے پہلے دنیا ناواقف تھی اور اس کا عام چرچا تو اب ہمارے وقت میں ہونے لگا ہے۔ پھر مجھ کو یا جناب اختر تلہری کو یا کسی کو اس پر اصرار کیسے ہو سکتا ہے کہ نظیر کو آج کل کی "جمہوریت" یا "پرولتاری ادب" سے کوئی واسطہ ہو سکتا ہے؟ لیکن ایک اشتراکیت وہ بھی ہے جو انسانیت کی مترادف ہے اور ایک جمہوریت وہ بھی ہے جس کی کوئی تاریخ نہیں ہے۔ نظیر کی اشتراکیت اور نظیر کی جمہوریت اسی قسم کی تھی۔ کسی استاد یا کسی نصاب نے ان کو اشتراکیت اور جمہوریت نہیں سکھائی تھی۔ وہ اپنے کو فطرتاً خدا کی وسیع دنیا اور انسان کی کثیر سے کثیر تعداد سے قریب اور مانوس پاتے تھے اور دونوں سے بے انتہا خوش تھے۔

اختر علی صاحب کا تنقیدی مراسلہ پڑھنے کے بعد جو مجموعی اثر مستقلاً رہ جاتا ہے وہ یہ ہے کہ آپ ایک عمر سے مارکس اور نظیر دونوں کی طرف سے بھرے بیٹھے تھے اور اپنے دل کا غبار نکالنے کے لئے بے چین تھے۔ مجھے امید ہے کہ یہ غبار اچھی طرح نکل چکا ہو گا اور اب ان کے دل میں کچھ باقی نہ ہو گا۔ لہذا اب میں ان سے درخواست کروں گا کہ وہ خالی الذہن ہو کر اور ٹھنڈے کلیجے کے ساتھ چند باتوں پر غور فرمائیں اور وہ یہ ہیں،

(ا) ادب اور اس کی ایک صنف ہونے کی حیثیت سے شاعری زندگی کا ایک مرکب تجربہ ہے جس میں تمام اساسی تجربات خارجی اور باطنی شامل اور داخل ہیں۔

میتھیو آرنلڈ نے جب ادب کو "تنقید حیات" بتایا تھا تو ادب کی جو صنف اس کے

ذہن میں سر فہرست تھی وہ شاعری تھی۔ معلوم ہوتا ہے کہ اختر علی صاحب میتھیو آرنلڈ سے اچھی طرح واقف نہیں ہیں یا ان کو اس کے اندر صحیح درک حاصل نہیں ہے۔ میتھیور آرنلڈ شاعری کو ادب کی اہم ترین صنف سمجھتا تھا اور جب کبھی "ادب" کا لفظ استعمال کرتا تھا تو شعوری اور غیر شعوری طور پر اس کے ذہن میں شاعری کا تصور ہوتا تھا اور وہ شاعری ہی پر جملہ اصناف ادب کا قیاس کرتا تھا جیسا کہ ہم سب آج تک کر رہے ہیں۔ اس لئے ہم اب تک شاعری سے جملہ ادبی اصناف کا قیاس کرنے اور ان کے بارے میں حکم لگانے کے خوگر ہیں۔ لیکن ہم میتھیو آرنلڈ کو درمیان میں کیوں لائیں؟ کیوں نہ خود ہی سوچیں کہ ادب کو ہماری واقعی زندگی سے کوئی واسطہ ہے یا نہیں؟ انداز سے معلوم ہوتا ہے کہ اختر علی صاحب بھی اس سوال کا جواب نفی میں دیتے ہوئے ہچکچائیں گے۔

میرے خیال میں ادب زندگی کی تخلیقی تنقید (Creative Criticism) ہے اور شاعری ادب ہی کی ایک صنف ہے۔ اس کے اندر وہ نوعی خصوصیات جس قدر بھی ہوں جو اس کو اور اصناف سے ممتاز کرتی ہوں لیکن اس کے اندر وہ تمام خصوصیات تو ہونا ہی چاہئیں جو ادب میں پائی جاتی ہیں، اس لئے کہ ادب شاعری کی جنس ہے اور منطقی شجرہ میں بھی جنس پہلے آتی ہے اور فصل بعد کو۔

(۲) میں نے کہیں نہیں کہا ہے اور نہ کوئی سمجھ بوجھ رکھنے والا شخص یہ کہہ سکتا کہ "شعر ا متقدمین کے خیالات و افکار کے شاداب پھول" کوئی قدر و قیمت نہیں رکھتے اور "سبزہ بیگانہ" کی طرح ان کو روند ڈالو۔ اختر علی صاحب سیاق عبارت کا مفہوم سمجھنے میں اپنے تخیل کو ضرورت سے زیادہ راہ دے دیتے ہیں۔ انہوں نے شاید میرا یہی ایک مضمون پڑھا ہے ورنہ ان کو میری بابت قطعی اور صریح حکم لگانے میں دیر لگتی۔ میں نے اکابر شعرا اردو کا مسلسل اور منضبط مطالعہ کیا ہے اور ایک پوری عمر اسی میں صرف کی ہے

اور میرا مطالعہ محض مجہولی یا تفریحی مطالعہ نہیں تھا۔ میں نے تنقید کے تقریباً تین سو صفحات صرف "اگلے وقتوں کے لوگوں" یعنی مشاہیر غزل اردو پر لکھے ہیں اور ان کے اکتسابات شعری کی قدر و قیمت کو تسلیم کیا ہے لیکن مہذب اور سنجیدہ مذاق کا تقاضا ہے کہ چند تاریخی حقیقتوں میں سے ایک یہ بھی ہے کہ ہماری اب تک کی شاعری سامنتی نظام اور سامنتی ذہنیت (Feudal Mind) کی پیداوار ہی ہے، اس سامنتی نظام اور سامنتی ذہنیت کی جو ممالک مغربی سے تو مدت ہوئی رخصت ہو چکی لیکن ہندوستان میں اب تک باقی ہے۔

(۳) دنیا میں عام طور سے اور ہندوستان میں خصوصیت کے ساتھ اب تک ادب جس زندگی اور جس تہذیب کی نمائندگی کرتا رہا ہے، وہ اقلیت کی تہذیب تھی۔ اختر علی صاحب کو کم سے کم یہ تو معلوم ہی ہوگا کہ ہمارے ملک میں کتنے فیصدی پڑھے لکھے ہیں اور ان میں بھی کتنے ہیں جو میر اور غالب سے اثر قبول کر سکیں گے۔ میر و غالب کے کمالات کا میں معترف ہوں، لیکن یہ بھی احساس رکھتا ہوں کہ یہ کمالات ایک خاص سطح اور ایک خاص دائرے تک محدود ہیں۔ انسان اور بالخصوص ایک ناقد کو اپنے یا اپنی محدود جماعت کے مذاق اور میلانات میں غلو نہ ہونا چاہیئے۔ اس کے اندر ایک بے لاگ خارجیت (Disinterested Objectivity) ہونا چاہیئے تاکہ وہ اپنی مخصوص و محدود رغبت و نفرت کے تنگ دائرے سے باہر آکر اور ان کے تعصب آفریں اثرات کو نظر انداز کر کے واقعات پر غور کر سکے اور ان پر حکم لگا سکے۔

ہمارے ادیبوں نے ہمارے لئے جو کچھ کیا اس کا اعتراف نہ کرنا یقیناً کفران نعمت ہے، لیکن ان کی کوتاہیوں کو بھی ان کے اکتسابات میں شمار کرنا جہل ہے اور اس وقت تک نہ صرف ہمارے ادب نے بلکہ دنیا کے ادب نے جو کچھ کیا ہے، وہ ایک مخصوص اور کم تعداد طبقے کے لئے کیا ہے جس کو شریفوں کا طبقہ کہا جاتا ہے، بلکہ یہ کہنا چاہیئے کہ اعلیٰ

اور ادنی، شریف اور ذیل، امیر اور غریب، خاص اور عام، مختصر یہ کہ اقلیت اور اکثریت کے درمیان جو خلیج ہمارے سامنتی نظام اور مہاجنی نظام نے پیدا کر رکھی ہے اور اس کو اور زیادہ وسیع اور عمیق بنانے میں ہمارے ادب نے بھی کچھ کم مدد نہیں کی۔

اب تک کی تہذیب اور اب تک کے ادب نے ایک مخصوص اور کم تعداد جماعت کے لئے جو کچھ کیا اور اس کو جو کچھ دیا وہ اپنی جگہ مسلم ہے لیکن دونوں خلقت انسانی کی کثیر سے کثیر تعداد کے حقوق بھی غصب کئے رہے ہیں، تہذیب اور شائستگی، اخلاق اور ادب کا نام لے کر ڈاکے بھی ڈالے گئے ہیں ورنہ آج یہ نہ ہوتا کہ میر اور غالب، حافظ اور نظیری، ورڈسورتھ اور شیلی کو ہم آپ تو پڑھ پڑھ کر جھومیں اور ایک خلق اللہ کمتری اور بے چارگی کا دردناک احساس لئے ہوئے ہمارا آپ کا منہ تکتی رہے اور پھر ہمیں آپ ان کو جاہل اور حقیر قرار دیں۔

(۴) نظیر اکبر آبادی بھی سامنتی اور سامنتی معاشرت کی مخلوق تھے لیکن بعض ہستیاں ہوتی ہیں جو اختیاری یا غیر اختیاری طور پر مروجہ مذاق اور مروجہ معیار سے منحرف ہو جاتی ہیں اور ماضی وحال سے زیادہ مستقبل کی طرف اشارہ کرتی ہیں۔ نظیر کا بھی شمار ایسی ہی ہستیوں میں ہے۔ اردو شاعری میں وہ بغاوت کی پہلی آواز ہیں۔ یہی میرے مضمون کا مرکزی خیال ہے۔ نظیر اکبر آبادی نے اب سے کم وبیش سوڈیڑھ سو سال پہلے اردو شاعری میں اس جمہوریت اور اس واقعیت کی بنیاد ڈالی جس کی تعمیر اب ہو رہی ہے۔

(۵) اردو شاعری میں چوں کہ سب سے زیادہ رائج اور مقبول صنف غزل رہی ہے اور غزل کو چونکہ روایتاً واردات قلبیہ اور کیفیات ذہنیہ کے لئے مخصوص سمجھا گیا ہے، اس لئے اس میں داخلیت کا ایسا غلبہ ہوا کہ خارجی زندگی کے تمام تنوعات، زمین وآسمان کے سارے حادثات ہماری شاعری کے لئے حرف غلط ہو کر رہ گئے اور شاعری میں جس

زندگی کی نمائندگی ہوئی وہ پوری زندگی نہیں تھی، بلکہ زندگی کا صرف ایک رخ تھا۔ اگر ہمارے شاعروں کے متعلق کہا جائے کہ ان کی آنکھیں اندر کی طرف کھلتی تھیں تو غلط نہ ہوگا۔ نظیر پہلے شاعر ہیں جن کی آنکھیں باہر کی طرف کھلیں اور جن کی کائنات شعری کی بنیاد صرف باطنی کیفیات پر نہیں رہی۔ میں نے اپنے مضمون کے آخر میں اس کو کافی واضح کر دینے کی کوشش کی ہے۔ نظیر کی نگاہ میں زندگی کی لامحدود وسعتیں تھیں اور وہ ان کا احترام کرتے تھے۔

(۶) اردو زبان (میں) قصائد، مثنویات اور مراثی کے باوجود خارجی شاعری بہت مفلس اور کم حیثیت رہی ہے۔ میر حسن کی مثنوی اور میر حسن کے مرثیوں سے پہلے تو خارجی شاعری کا محض نام تھا اور اس نام کی لاج رکھنے کے لئے ہم بھی کہہ دیں گے کہ اردو میں خارجی شاعری تھی، لیکن حقیقت یہ ہے کہ نظیر اکبر آبادی سے تھوڑی دیر کے لئے قطع نظر کر لیجئے تو میر حسن اور میر انیس سے اردو میں خارجی شاعری کا باضابطہ آغاز ہوتا ہے۔ میر حسن کی مثنوی واقعہ نگاری میں مصوری کا درجہ رکھتی ہے اور واقعیت کی پہلی کامیاب مثال ہے لیکن اول تو اس میں زندگی کی جو تصویر پیش کی گئی ہے اس میں خیالی اور فرضی عناصر کو بھی شامل کر دیا گیا ہے، دوسرے میر حسن نے امرا اور رؤسا کی زندگی کو زندگی سمجھا اور جمہور کی زندگی سے کوئی سروکار نہیں رکھا۔ یہ ان پر کوئی الزام نہیں ہے۔ اب تک کی رسم یہی رہی ہے۔

میرا مطلب نظیر اور میر حسن کے درمیان جو فرق ہے اس کو واضح کرنا ہے۔ میر انیس کی ساری واقعہ نگاری واقعہ کربلا پر ختم ہو گئی۔ یہ سچ ہے کہ انہوں نے اہل عرب کی زندگی، ان کے عادات واطوار اور رسوم وروایات کی جو تصویریں پیش کی ہیں ان میں ہندوستان کی ایک روبہ انحطاط معاشرت کے آثار زیادہ نمایاں ہیں اور فرات کا پانی گومتی کا پانی معلوم ہوتا

ہے، لیکن میر انیس کی نیت یہ نہ تھی۔ یہ تو ان سے غیر شعوری طور پر ہو گیا۔

بہر حال میر انیس کی قوت بیان اور مصورانہ قدرت تحریر کا اعتراف کرتے ہوئے بھی یہ کہنا پڑتا ہے کہ ان کے یہاں زندگی کی عام اور اصلی تصویریں نہیں ہیں۔ ان کی واقعیت پھر بھی تخیلی واقعیت ہے۔ میں نے جب نظیر کی واقعہ نگاری کے سلسلہ میں یہ کہا تھا کہ ایسی مرقع نگاری میر حسن اور میر انیس کے بس کی بات نہیں تھی تو میری مراد اس اصلی اور جمہوری واقعیت سے تھی جس کی اہمیت سے یہ اساتذہ واقعی محروم تھے اور جس کے ترکیبی عناصر میں "خوبصورت سمدھن" اور "کسبیاں" بھی شامل ہیں، اگرچہ یہی سب کچھ نہیں ہے۔

میرے لئے یہ بصیرت سے خالی نہیں کہ اختر علی صاحب کی نظر خوبصورت سمدھن کے بے پردہ اعضا اور "کسبیوں کے ازار بند" ہی پر پڑی اور نظیر کے کھنچے ہوئے اور مرقعے ان کو اپنی طرف متوجہ نہ کر سکے۔ یہ اپنا اپنا حسن نظر ہے مگر یہ مرقع نگاری بھی نظیر کا ایک نمونہ کمال ہے، اگرچہ جس وقت میں نے نظیر کے سلسلے میں میر حسن اور میر انیس کے نام لئے تھے تو میرا یہ مطلب تھا کہ میر حسن اور میر انیس نہ صرف خوبصورت سمدھن، کسبی، رقاصہ جیسے عنوانات پر نظمیں لکھنے سے قاصر تھے بلکہ بنجارہ، ہنس، آگرہ کی پیراکی، برسات، بڑھاپا، دیوالی، شب برات کی بھی ایسی سچی تصویریں اتارنا ان کی قدرت سے باہر تھا۔

(۷) زبان اور اسلوب کی رو سے نظیر اور دوسرے شعراء اردو کے درمیان جو فرق ہے اس کو میں غیر متعلق بحث سمجھتا ہوں۔ اسی لئے میں اس کو درمیان میں نہیں لایا۔ ظاہر ہے کہ اردو زبان اور اسلوب کو رچنے اور مہذب اور شائستہ بنانے میں میر، غالب، میر حسن اور میر انیس وغیرہ نے جو حصہ لیا، نظیر نے نہیں لیا اور مہذب اور شائستہ ادبی

ذوق نظیر کی زبان اور ان کے لب و لہجے کو معیار سے گرا ہوا پاتا ہے۔ لیکن ہمارے ذوق کو ابھی اور مہذب اور شائستہ ہونا ہے اور اس کی احتیاط کرنا ہے کہ تہذیب اور شائستگی کے پردے میں حق تلفیاں نہ ہونے لگیں۔

نظیر کی شاعری کے لئے میر حسن اور میر انیس یا غالب اور مومن کی "مہذب" زبان اور ان کا رچا ہوا اسلوب یقیناً ناموزوں اور بے جوڑ ہوتا۔ نظیر کی شاعری موضوع، زبان، اسلوب ہر لحاظ سے جمہور کی زندگی سے ماخوذ تھی اور اس اعتبار سے وہ بڑی پختگی اور استقامت کا پتہ دیتے ہیں۔ میں کہہ چکا ہوں اور پھر کہتا ہوں کہ جس چیز کو ہم نظیر کا ابتذال بتاتے آئے ہیں وہی ان کا فن ہے۔ نظیر نے اردو شاعری میں ایک نیا میلان پیدا کیا اور اس کو ایک نیا معیار دیا جس کو مروجہ معیار نے سوقیت اور ابتذال سے تعبیر کیا، مگر یہ دراصل دو عقیدوں اور دو معیاروں کا سوال ہے۔

یہاں تک تو نظیر سے بحث تھی، لیکن اختر علی صاحب نے ادب اور عمرانیات کے اصول اور کلیات سے بحث کرنے کی بھی کوشش کی ہے جس سے ظاہر ہوتا ہے کہ انہوں نے حیات انسانی کا صحیح مطالعہ نہیں کیا ہے۔ ادب انسانی زندگی کے سنجیدہ حرکات میں سے ہے اور اس کی غایت صرف تفریح یا زندگی سے گریز نہیں ہے، اگرچہ یہ غرض بھی ایک صحت بخش حد تک اس کے اغراض میں شامل ہے۔ ادب کی غایت انسان کی زندگی کو بڑھانا، اس کی وسعتوں اور اس کے امکانات کو ترقی دینا ہے۔ اس اعتبار سے ادب یقینا ایک قسم کا پروپیگنڈا ہے اگرچہ ہر پروپیگنڈا ادب نہیں ہوتا۔

پھر چوں کہ ادب انسان کی زندگی کی ایک حرکت ہے، اس لئے اس پر زندگی کے تمام اسباب و محرکات کا اثر پڑنا ضروری ہے اور چونکہ ادب کا کام انسان کی زندگی سنوارنا اور اس کو بہتر سے بہتر بنانا ہے، اس لئے اس کے لئے ضروری ہے کہ وہ زندگی کے تمام

اسباب و محرکات اوراس کے تمام میلانات و امکانات سے مربوط اور متعلق رہے۔ اقتصادیات وسیاسیات بھی زندگی کے اہم اسباب و محرکات میں سے ہیں اور ادب ان میں سے کسی سے بیگانگی یا بے نیازی نہیں برت سکتا۔ ادب سیاسیات یا اقتصادیات کا ڈھنڈورا تو نہیں ہوتا، لیکن سیاسی اور اقتصادی حالات و اسباب سے اثر قبول کئے ہوئے بغیر بھی نہیں رہ سکتا اور پھر جب اس کی باری آتی ہے تو ادب ان حالات و اسباب کو بھی متاثر کر کے ہی رہتا ہے۔

میں نے اپنے ایک مضمون میں لکھا تھا کہ یہ سچ ہے کہ انسان صرف روٹی سے زندہ نہیں رہ سکتا لیکن بغیر روٹی کے بھی وہ زیادہ عرصے تک زندہ رہنے کی تاب نہیں لا سکتا۔ ہماری زندگی کے خارجی اور مادی حالات ہماری ذہنی زندگی پر کیا اثرات چھوڑتے ہیں؟ ہم کو اس کا احساس تک نہیں ہوتا۔ لیکن احساس ہو یا نہ ہو واقعہ واقعہ ہوتا ہے۔ شعر وادب تو خیر در کنار، ہمارے تمام عادات و اخلاق، ہمارے تمام حرکات و سکنات، یہاں تک کہ ہماری محبت اور ہماری عبادت کو بھی ہماری زندگی کے خارجی اسباب، جن میں اقتصادیات سب سے زیادہ اہم ہے، متاثر کر کے چھوڑتے ہیں۔

"پراگندہ روزی پراگندہ دل" بہت پرانی مثل ہے اور "خداوند نعمت بحق مشتغل" کسی اشتراکی کی اختراع نہیں ہے اور اشتراکیت اور انقلابیت کے وجود میں آنے سے بہت پہلے قحط سالی کی بدولت دمشق والے عشق بھول گئے تھے۔ پھر آپ ہی سوچئے۔ جب عشق اور عبادت جیسے نشے فاقے میں ہرن ہو جاتے ہیں تو پھر ادب یا شاعری کا نشہ کس شمار قطار میں ہے؟ جیسی ہماری زندگی ہوتی ہے ویسا ہی ہمار ادب ہوتا ہے۔ بھوکے آدمی کی شاعری، بھوکے آدمی کا عشق، بھوکے آدمی کی عبادت میں بھوکے کے آثار ہوں گے۔

میں اقتصادیات ہی کو ساری زندگی نہیں سمجھتا۔ یہ تو زندگی کی عمارت کا صرف ایک

ستون ہے اور بہت سے عناصر اور بہت سی قوتیں زندگی میں کام کر رہی ہیں جو اتنی ہی اہم اور ناقابل تجاہل ہیں، جتنی کہ اقتصادی قوتیں، اور میں ان لوگوں کا ہم آواز نہیں جو بھوک کو انسان کی واحد ضرورت اور روٹی کو اس کی زندگی کا تنہا سبب بتاتے ہیں۔ ہماری بہت سی ضرورتیں ہیں اور ہماری زندگی کے بہت سے اسباب ہیں لیکن میں اس کا قائل ہوں کہ ہمارا ادب ہماری سماجی اور معاشرتی زندگی سے برابر متاثر ہوتا رہتا ہے اگر ایسا نہ ہوتا تو زندگی کے ساتھ ادب بھی دور بدور اتنے روپ نہ بدل چکا ہوتا۔ آخر کیا سبب ہے کہ اس وقت نہ میر اور غالب کی شاعری کا رواج ہے نہ جرأت اور داغ کی؟ اس کا سبب صرف یہ ہے کہ ہماری سماجی اور اقتصادی زندگی کے ساتھ ہمارے ادب کا رخ بھی بدل گیا ہے۔

زندگی ایک متحرک اور نامیاتی (Organic) کلی حقیقت ہے جو ایک نقطے پر کبھی قائم نہیں رہ سکتی۔ وہ خود بدلتی رہتی ہے اور اس کے ساتھ اس کی ہر چیز بدلتی رہتی ہے۔ میں مارکس کی طرح یہ کہنے کے لئے تیار نہیں کہ ادب اب تک زندگی کی صرف تاویلیں کرتا رہا 1 مارکس نے یہ الزام دراصل فلسفے پر لگایا ہے، لیکن اس کے بعد مارکسی نقاد ادب پر بھی یہی اعتراض کرتے رہے کہ وہ اب تک زندگی کی صرف تاویل کرتا رہا اور اس کو بدلنے کی کوشش نہیں کی۔ اور اس نے زندگی کو بدلنے کی کوشش نہیں کی۔ میں نے ادب کو زندگی کی تخلیقی تنقید بتایا ہے۔ یعنی ادب کا کام یہ ہے کہ زندگی پر تنقید کر کے اس کو از سر نو پیدا کرے اور پہلے سے زیادہ مکمل اور خوبصورت بنائے۔ یہ ہے ادب کی تخئیل اور ادب نے اس تخئیل کی کسی نہ کسی حد تک تکمیل بھی کی۔ زندگی کی طرح ادب میں بھی اتنے دور ہو چکے اور ہر دور میں ادب نے نیا رنگ روپ اختیار کیا۔ یہ تاریخی حقیقت میرے دعوی کی دلیل ہے۔

لیکن یہ بھی واقعہ ہے کہ اب تک ادب نے جو کچھ کیا، ایک مخصوص اور منتخب

اقلیت کے لئے کیا اور اعلیٰ اور ادنی کے فرق کو نہ صرف قائم رکھا بلکہ اس کو زیادہ شدید بنایا۔ اب ادب بجا طور پر خواص پرستی کے جرم میں ماخوذ کیا جارہا ہے اور اس کی رہائی اور آزادی کی صرف ایک یہ صورت ہے کہ وہ جمہوریت کے شرائط اور مطالبات کو منظور کرلے، اس لئے کہ یہ انسانیت کے شرائط اور مطالبات، اختر علی صاحب کی طرح بہتیرے شائستہ اور مہذب ذوق رکھنے والے کہیں گے کہ یہ جمہوریت شرافت اور تہذیب میں بٹہ لگائے گی۔

اگر شرافت اور تہذیب کے یہ معنی ہیں کہ شریفوں اور مہذبوں کا بس ایک چھوٹا سا کوڑھی گھر بسا کر بیٹھ رہو، تو یہ شرافت اور تہذیب اب دنیا میں زیادہ عرصے تک باقی رہنے والی نہیں، اس لئے کہ اس کے مبروص اور جذامی ہونے کا راز کھل چکا ہے اور دنیا جان چکی ہے کہ اس کے اندر زندہ رہنے کی صلاحیت نہیں ہے۔ لیکن اگر شرافت اور تہذیب کے یہ معنی ہیں کہ کثیر سے کثیر تعداد کو شریف اور مہذب بناؤ تو اس کے لئے ضروری ہے کہ ہم اپنی مفروضہ بلندیوں سے کچھ نیچے آئیں اور کثیر سے کثیر تعداد انسان کو اپنے ساتھ ابھار کر اپنی مفروضہ بلندیوں کو حقیقی بلندیاں بنائیں۔ ہماری اجتماعی اور انفرادی دونوں زندگیوں کے لئے اشد ضروری ہے کہ ہم اپنے سارے معیار و مذاق تمام اصول و عقاید، اپنے تمام تعصبات پر نظر ثانی کریں اور ان کو بدلیں۔ اگر ہم یہ چاہتے ہیں کہ موجودہ بحران سے ہماری زندگی صحیح و سالم نکل آئے اور پھر ترقی کی طرف چلے تو اس کی یہی ایک صورت ہے۔

گزشتہ ڈیڑھ سال کے اندر میں نے کئی مضامین لکھے ہیں جن میں کہیں مجمل اور کہیں مفصل ان مسائل سے بحث کی گئی ہے، مثلاً ادب اور زندگی، ادب اور ترقی، ادب اور زندگی میں بحرانی دور وغیرہ۔ معلوم ہوتا ہے کہ اختر علی صاحب کی نظر سے ان میں سے میرا کوئی

مضمون نہیں گزرا، ورنہ وہ "نگار کے نظیر نمبر" اور "موجودہ طرز تنقید" پر زیادہ سوچ سمجھ کر اظہار خیال فرماتے۔ آخر میں میں اپنے تبصرہ نگار دوست کو یہ صلاح دوں گا کہ:

حسد سے دل اگر افسردہ ہے گرم تماشا ہو
کہ چشم تنگ شاید کثرت نظارہ سے وا ہوا

یہی نظیر کی شاعری کا پیغام ہے اور یہی جدید نظریہ ادب کی صلاح۔

میرے اس خط یا مضمون کے جواب میں اختر تلہری صاحب نے ایک اور خط شائع کرایا تھا جس کا میں جواب لکھنے بیٹھا تھا، مگر یہ محسوس کر کے کہ یہ سلسلہ کبھی ختم نہیں ہو گا میں خاموش رہا۔ جب فکر و نظر میں اساسی اختلاف ہو تو پھر اختلاف ہی پر راضی اور خوش رہنا چاہئے۔ اختر صاحب فارسی اور اردو شعر و ادب کا وسیع مطالعہ رکھتے ہیں اور ان کو متقدمین کے اکتسابات پر کافی عبور حاصل ہے، لیکن وہ شعر کے فنی اور اصطلاحی رخ کے ساتھ زیادہ شغف رکھتے ہیں۔ شعر کی اصل و غایت اور اس کے معاشرتی تاریخ کے ساتھ نہ ان کو زیادہ لگاؤ ہے اور اس باب میں ان کا مطالعہ وسیع اور غائر ہے اور جتنا مطالعہ ہے وہ ان کے تنقیدی مزاج کا جزو نہیں بن سکتا ہے۔

حاشیہ:

(۱) مارکس نے یہ الزام دراصل فلسفے پر لگایا ہے، لیکن اس کے بعد مارکسی نقاد ادب پر بھی یہی اعتراض کرتے رہے کہ وہ اب تک زندگی کی صرف تاویل کرتا رہا اور اس کو بدلنے کی کوشش نہیں کی۔

***

میں کیوں لکھتا ہوں؟

غریبم و تو زبان دان من نہ غالب
بہ بند پرسش حالم نمی تواں افتاد
"میں کیوں لکھتا ہوں؟"

"سویرا" نے یہ سوال چھیڑا ہے اور اب تک کئی لکھنے والے اپنے لکھنے کی الٹی سیدھی تاویلیں کر چکے ہیں اور ان میں کافی تعداد ایسوں کی ہے جنہوں نے بات کا بتنگڑ نہ سہی تو زیب داستاں کے لئے بہت کچھ بڑھا دیا ہے۔ مجھے یہ زبردستی کا سوال معلوم ہوتا ہے۔ میں کیوں لکھتا ہوں؟ یا کوئی کیوں لکھتا ہے؟ اس کے جواب میں اگر یہ کہہ کر چپ سادھ لی جائے کہ اگر میں کوئی دوسرا کام کرتا ہوتا تو بھی سوال کا خطرہ باقی رہتا تو جواب دینے والے سے پھر کوئی مزید سوال کرنا زیادتی ہوتا۔

اگر میں گھسیارا ہوتا تو آپ اسی تیور کے ساتھ مجھ سے پوچھ سکتے تھے کہ میں گھاس کیوں کاٹتا ہوں؟ اس وقت میں کیا جواب دیتا؟ فی الحال بھی میں لکھنے کے علاوہ کیوں اور کام کرتا ہوں، مثلاً کالج میں لڑکوں کو پڑھاتا ہوں، بیوی بچوں کی ذمہ داریوں کو پورا کرتا ہوں، غم نہ داری بز بجز کے طور پر لڑکیوں کے اسکول کا معتمد اعزازی ہوں جو کافی جگر سوزی اور مغز گدازی کا کام ہے، لیکن کسی نے اب تک یہ نہیں پوچھا کہ میں دنیا کے یہ سارے دھندے اپنے سر کیوں لئے ہوئے ہوں۔ اگر اس سوال کا جواب دیا جائے تو

اندیشہ ہے کہ آئندہ لوگ میرے دوسرے مناصب کے بارے میں بھی ایسے ہی سوالات کرنے لگیں گے۔

میں کیوں لکھتا ہوں؟ کاش ہاجرہ مسرور کی طرح میں بھی کہہ سکتا کہ "جایئے نہیں بتاتے آپ کا جو بھی جی چاہے کر لیجئے۔" لیکن اس قسم کا جواب شاید میری زبان سے مناسب یا قابل قبول نہ ہو۔ ایک نہایت بے ساختہ جواب ہاجرہ مسرور ہی کی زبان میں یہ ہو سکتا تھا کہ "جی چاہتا ہے لکھتے ہیں۔" اور سوال کا اصلی جواب یہی ہے، مگر ایسے مختصر جواب سے پوچھنے والے کی تشفی نہیں ہو سکتی۔

تو سنئے۔۔۔ میں لکھتا اس لئے ہوں کہ لکھے بغیر رہ نہیں سکتا۔ میں لکھنے کے لئے مجبور ہوں، بالکل اسی طرح جس طرح بچھو ڈنک مارنے کے لئے مجبور ہے۔ اس میں نیک نیتی یا بدنیتی کو بالکل دخل نہیں اور یہ بھی سن لیجئے کہ میں لکھنے کے سوا کوئی کام سلیقہ سے نہیں کر سکتا، بالکل اسی طرح جس طرح بچھو ڈنک مارنے کے سوا کوئی دوسرا کام اسی اعتماد اور حسن اسلوب کے ساتھ نہیں کر سکتا۔ یہ ایک مثال تھی سمجھانے کے لئے۔ اس سے یہ نتیجہ نکالنا منطقی غلطی ہوگی کہ میرے قلم کی جنبش اور بچھو کے ڈنک میں کوئی اور قسم کی نسبت بھی ہے۔ کہنے کا مطلب صرف یہ تھا کہ،

رگ سنگم شرارے می نویسم\
کف خاکم غبارے میں نویسم

میری اٹھان ہی کچھ ایسی ہے کہ لکھنا پڑھنا میری زندگی کا ایک ضروری مشغلہ ہو کر رہ گیا ہے۔ بچپن سے علم وادب کی قدر اور زندگی کی تمام دوسری قدروں پر اس کی فوقیت کا احساس میرے ریشہ ریشہ میں پیدا کر دیا گیا تھا، اس احساس کی روشنی میں زندگی کے جس دوسرے کام کو دیکھتا تھا ادنی معلوم ہوتا تھا۔ یہ ایک لازمی نتیجہ تھا اس فضا اور ماحول

اوران مواقع کا جو بچپن سے لے کر کم و بیش تیس سال کی عمر تک مجھے میسر رہے۔

میرے شجرے میں ایک طرف تو زمینداری تھی اور دوسری طرف علم و حکمت اور فقر و درویشی اور ستم ظریفی یہ ہے کہ مجھے دونوں میں سے ایک کے ساتھ بھی کوئی طبعی مناسبت نہیں تھی۔ میں ہمیشہ ایک کو زبردستی اور دوسرے کو خواب گزینی یا تاویل بازی یا نفاق اور فساد کے لئے ایک ڈھونگ سمجھتا رہا۔ لیکن میرے کردار کی ایک خصوصیت ڈاکٹر جنیویر مرحوم پرنسپل ایونگ کرسچین کالج الہ آباد کے الفاظ میں یہ رہی ہے کہ "یہ شخص جانتا ہے کہ کہاں سے یا کس سے کیا چیز لے اور کیا چیز چھوڑ دے۔" میں نے اس کا بڑا خیال رکھا کہ جاگیرداری اور علمی فضیلت اور درویشانہ تصوف دونوں سے جتنی اچھائیاں مل سکیں حاصل کرلوں، اور ان کی تمام نحوستوں کو نہ صرف چھوڑ دوں، بلکہ جہاں تک اور جس جس صورت سے ممکن ہو، ان نحوستوں کو مٹانے کے لئے والہانہ کوششیں کرتا رہوں۔

یہاں ایک بات اور ذہن میں رکھنے کی ضرورت ہے۔ آپ مارکس اور ہیگل کے نام سے واقف ہیں۔ دونوں کے نظریات میں زمین آسمان کا فرق ہے، یا خود بقول مارکس، ہیگل نے جدلیات (Dialectics) کو سر کے بل کھڑا کر رکھا تھا اور مارکس نے اس کو اپنی ٹانگوں کے بل کھڑا کیا۔ یہ بہت بڑا کام تھا، لیکن اگر ساری بحث کو اسی جملے تک محدود رکھا جائے تو سمجھنے والوں کی سمجھ میں بہت آسانی کے ساتھ آسکتا ہے کہ ہیگل اور مارکس کے درمیان دراصل حقیقت کا کوئی فرق نہیں ہے، بلکہ حقیقت کے قیام کے انداز میں فرق ہے۔ کہیں وہ سر کے بل کھڑی ہے کہیں ٹانگوں پر۔ مگر یہ تو مارکس وادیوں (Marxists) کو محض ہوشیار کر دینے کے لئے ایک بات کہی گئی اور مطلب یہ تھا کہ ہم کسی ایک جملے یا ایک فقرے سے خواہ مخواہ مرعوب نہ ہوں اور کسی کی رٹ نہ لگائیں۔

ہیگل اور مارکس کے نظریات زندگی میں محض سر اور پاؤں کا نہیں بلکہ واقعی پورب پچھم کا فرق ہے اور مارکسیت ہیگل کے فلسفہ تصوریت پر ایک زبردست تنقید اور ترقی ہے لیکن یہ بھی یاد رکھنے کے قابل بات ہے کہ دنیا کی تواریخ میں کوئی دو بڑی شخصیتیں ایک دوسرے سے باہم اس قدر نزدیک اور پھر ایک دوسرے سے اتنا دور نہیں ہیں جتنا کہ ہیگل اور مارکس۔ دونوں کے درمیان جو زبردست جنس مشترک ہے وہ جدلیات ہے یعنی یہ خیال کہ زندگی بالضد ترقی کرتی ہے۔ ایک صورت اپنے اندر سے دوسری صورت، ایک قوت اپنے بطن سے دوسری قوت پیدا کرتی ہے۔ ایک نفی سے ایک مثبت پیدا ہوتا ہے جو اس نفی کا کفارہ ہوتا ہے۔

امریکہ کا مشہور مفکر اور شاعر ایمرسن جو بالکل دوسرے دبستان خیال کا پروردہ تھا زندگی میں ایک "قانون تلافی" law of Compensation دیکھتا ہے۔ اس کو سمجھنے کے لئے زیادہ فلسفیانہ گہرائیوں میں جانے کی ضرورت نہیں ہے۔ ادنی اور پیش پا افتادہ مثالوں سے سمجھئے۔ اکثر دیکھا گیا ہے کہ انتہائی کریہہ المنظر عورت یا مرد کو ایسا درد انگیز اور پرگداز گلا ملا ہے کہ اس کے ترانوں کے آگے بلبل کی چہک، کوئل کی کوک بھی مات ہوتی ہے۔ اگر کوئی شخص اندھا ہو جائے تو کچھ عرصہ کے اندر اس کے باقی اور حواس دوسروں کے مقابلہ میں زیادہ تیز اور قابل اعتماد ہو جاتے ہیں۔ زندگی کی نامیاتی قوت ایک سمت کی کمی کو دوسری سمتوں میں زیادتی سے پورا کر لیتی ہے۔

مجھے اس نظریہ حیات کا حوالہ دینے کی ضرورت اس لئے پڑی کہ میرے خیال میں کچھ نیم شعوری اور کچھ شعوری طور پر میری زندگی میں بھی ایسا ہی ہوا۔ مجھے اور شاید مجھ سے زیادہ میری دادی کو، جو میری تمام ابتدائی تعلیم و تربیت اور مزاج و کردار کی تشکیل کی ذمہ دار تھیں، یہ احساس کانٹے کی طرح کھٹک رہا تھا کہ میری جسمانی ساخت خطرناک

حد تک نازک اور کمزور رہے۔ میرا تو خیر بچپن یا لڑکپن تھا۔ میری دادی کو، جو غیر معمولی حد تک دور بین اور عاقبت اندیش تھیں، یہ سمجھنے میں دیر نہیں لگی کہ میں جسمانی اعتبار سے کوئی کامیاب زندگی نہیں بسر کر سکتا۔ اسی کے ساتھ انہوں نے بہت جلد معلوم کر لیا اور مجھے بھی محسوس ہونے لگا کہ میرے اندر کچھ ایسی صلاحیتیں ہیں جو دو پیڑھی پہلے اور دو پیڑھی بعد تک میرے نسب نامہ میں کہیں نظر نہیں آ رہی تھیں۔

میری دادی نے میری ان صلاحیتوں کو تربیت دے کر پروان چڑھانے میں کوئی دقیقہ اٹھا نہیں رکھا اور میں خود اپنی تمام کمزوریوں اور ناتوانیوں کا احساس لئے ہوئے اس پر کمر باندھ چکا تھا کہ اپنی ان قوتوں کو جن کو عام زبان میں غیر جسمانی قوتیں کہتے ہیں جس قدر ہو سکے گا فروغ دوں گا اور انہیں کے بل بوتے پر دنیا میں اپنی ساکھ اور اپنی قدر قائم کروں گا اور اب تک جو میں رہا اور جو کچھ کیا وہ میری دادی کی پیش بندی اور خود میرے عہد کی ایک نمایاں اور مبسوط شہادت ہے۔

میں نے جن صلاحیتوں کو مقبول عام زبان میں غیر جسمانی کہا ہے ان کو بھی جسمانی ہی مانتا ہوں۔ ہمارے اکثر و بیشتر اعضا اور قویٰ کے افعال کا تعلق ہمارے اندر کے بے شمار غدودوں کے ساتھ وابستہ ہوتا ہے۔ حواس خمسہ کی طرح ہو سکتا ہے کہ ہمارے کچھ غدود زیادہ قوی اور فعال ہوں اور بعض کم۔ ایسی حالتوں میں سمجھ لیجئے کہ فطرت کا وہی قانون، جس کو ہیگل اور مارکس وغیرہ جدلیات کہتے ہیں اور ایمرسن نے "قانون تلافی" بتایا ہے، کار فرما ہے اور اگر خود ہمارے اندر شعوری طور پر اس کمی بیشی کا احساس پیدا ہو جائے تو ہم اپنی بعض کمزور قوتوں کے مقابلہ میں بعض دوسری قوتوں کو زیادہ توانا، زیادہ شدید اور زیادہ کارگر بنا سکتے ہیں اور جو قوتیں ہمارے اندر کمزور رہ گئی ہیں، ان کی وجہ سے ہماری زندگی خود اپنے لئے اور سماج کے لئے نامراد اور بے کار نہ ہونے پائے گی۔

مجھے ایک طرف تو بہتیروں کے مقابلہ میں ایک خاص عمر تک آزادی، فرصت اور سہولت کے خاطر خواہ لمحات نصیب رہے، دوسری طرف وہ تمام فراغتیں حاصل تھیں جن کو روایتی زبان میں "دولت روحانی" کہتے ہیں۔ میں نے تیرہ یا چودہ سال کی عمر میں جب انگریزی اسکول کے چھٹے درجہ میں نام لکھوایا تو عربی، فارسی اور کافی حد تک ہندی زبان کی شاعری سے پر اعتماد واقفیت رکھتا تھا۔ یہی نہیں، تفسیر و حدیث، علم فقہ، علم کلام، منطق اور معانی وبیان سبھی سے میری واقف کارانہ رسم و راہ ہو چکی تھی۔ نصابی کتابوں کے علاوہ مجھے جتنی باہر کی کتابیں مل سکتی تھیں، حاصل کر کے پڑھتا تھا اور ان پر غور کرتا تھا۔ یہ میری زندگی کا وہ معمول تھا جس کو میں عین زندگی سمجھتا تھا۔

میں بغیر کسی قسم کے پندار یا غرور کے کہہ سکتا ہوں کہ میری ابتدائی تعلیم و تربیت کچھ ایسی رہی کہ میرے مزاج و کردار میں وہ ہمہ گیری، وہ فراخ دلی، وہ آزادی اور وہ حقیقت آشنائی آگئی جس کی مثال آج تک مجھ کو اپنے عزیزوں، دوستوں اور ملاقاتیوں کے وسیع حلقے میں کسی دوسرے کے اندر نہیں ملتی اور جس کی بنا پر آج باون سال کی عمر تک اپنے کو اپنے ملک کی بھری محفل میں اجنبی پا رہا ہوں۔ نظیری کے "غریب در وطن" کی اس سے زیادہ مکمل اور عبرت ناک مثال شاید ہی کوئی اور ملے۔ مجھے بے باکی کے ساتھ کھرے کو کھرا اور کھوٹے کو کھوٹا، سچ کو سچ اور جھوٹ کو جھوٹ، اصلیت کو اصلیت اور فریب کو فریب کہہ دینے میں کبھی کوئی تامل نہیں ہوا اور میری زبان اور میرے قلم نے اس معاملے میں کبھی کوئی ہچکچاہٹ محسوس نہیں کی۔ ایسے موقعوں پر بڑے بڑوں کے جی چھوٹ گئے اور کوئی میرا آخر تک ساتھ نہ دے سکا۔ زندگی میں اکثر ایسے نازک لمحے آئے ہیں جب کہ میں نے خود کو اک تنہا اور بے یار و مددگار مجاہد پایا ہے اور اس مصلحت کوش، مکر و ریا کی دنیا میں اپنے مقدر پر غور کرنے کے لئے مجبور ہو گیا ہوں۔

مشرقی تہذیب و تمدن اور علوم و فنون کے ساتھ بچپن ہی میں اتنا لگاؤ پیدا کر دیا گیا تھا کہ آج تک میرے اندر وہ ایک ذوق کی طرح کام کر رہا ہے، جس کی تکمیل کے لئے میں اپنے مطالعہ میں اس عمر تک اضافے کرتا رہا ہوں اور جہاں سے جو نیا ماخذ مجھ کو مل سکا ہے میں نے اس سے پورا استفادہ کیا ہے۔ بعد کو جب مجھے انگریزی زبان پر کافی قدرت حاصل ہو گئی تو اس کے توسط سے میں نے ساری دنیا کی تواریخ اور تمدن اور علوم و فنون کے متعلق جس قدر مواد اپنے اندر جذب کر سکا، کر لیا۔ یہ کوئی خودستائی نہیں ہے، بلکہ محض ایک امر واقعہ کا اظہار ہے۔ اب آپ لوگ سمجھ سکتے ہیں کہ اس اٹھان اور اس قماش کا آدمی پڑھنے لکھنے کے سوا اور کس مصرف کا ہو سکتا ہے۔

میں نے ادب کو نہ صرف اپنی زندگی کا ایک تفریحی مشغلہ سمجھا بلکہ اس کو ایک فطری منصب سمجھ کر اب تک انجام دیتا رہا۔ ایک زمانہ وہ تھا جب کہ اپنے رسالہ 'ایوان' اور اردو کے دوسرے جرائد کے لئے مہینہ میں کم سے کم پچاس صفحے ایک موضوع پر نہیں بلکہ مختلف مسائل پر ذوق و انہماک اور نشاط کار کے ساتھ کسی قسم کے صلہ کی توقع کے بغیر لکھ ڈالتا تھا اور خوش رہتا تھا۔ میں ایک طرف اگر بلند آہنگی کے ساتھ یہ کہہ سکتا ہوں کہ،

از نفس انچہ داشتیم صرف ترانہ کردہ ایم

تو دوسری طرف بڑی بے نیازی کے ساتھ یہ بھی کہہ سکتا ہوں کہ،

نہ ستائش کی تمنا نہ صلے کی پروا

اردو کے ہر چھوٹے بڑے ادیب نے اپنے رشحات قلم سے میرے مقابلہ میں بہت زیادہ کمایا ہے۔ میں نے ادب کو اب تک اپنی معاش کا ذریعہ نہیں بنایا۔ اس سے زیادہ اس سلسلہ میں اب اور کیا کہوں۔ میرے لئے ادب زندگی تھا۔ لیکن اب میں یہ دعویٰ کس منہ سے کروں، اس لئے کہ،

اب تو یہ شغل بھی اے دیدہ گریاں چھوٹا

حقیقت یہ ہے کہ میرے اک اک نفس میں ابھی نہ جانے کتنے ترانے چھپے ہوئے ہیں۔ اگر حالات نے مساعدت کی اور جس دور انتشار سے اس وقت میں گزر رہا ہوں اس سے اگر محفوظ اور سلامت گزر گیا تو یہ نئے اور ان سنے ترانے بھی سناتا رہوں گا۔ فرصت اور اطمینان شرط ہے۔ ذوق وجدان کی ایک طرف فراوانی اور فرصت اور فراغت کا دوسری طرف یکسر فقدان، زندگی کی سب سے زیادہ عبرت ناک المناکی ہے اور ہمارے زمانے کا تو یہ ایک معمولی دستور ہو گیا ہے۔

ہماری نسل میں ایسوں کی تعداد اکثریت کا حکم رکھتی ہے جن کو جوہر قابل کہنا چاہئے اور جن کے اندر تخلیقی ذوق اور صلاحیت اپنی پوری شدت کے ساتھ موجود ہیں، لیکن یا تو ان کے لئے فرصت کے لمحے یا مناسب مواقع مہیا نہیں کئے گئے اور وہ اپنا سارا ولولہ کار اور سارا نشاط تخلیق اپنے اندر لئے بیٹھے رہے، یا سماج کی بے درد اور مخالفت قوتوں نے ان کو بالکل غلط سمتوں میں ڈال دیا اور وہ مجبور ہو گئے کہ اپنی زندگی کی کثیف حاجتوں کو پورا کرنے کے لئے اپنی ساری تخلیقی قوتوں کو فنا ہو جانے دیں۔ شاذ و نادر دو چار شخصیتیں ایسی نکل آتی ہیں جو زمانہ کی ناہنجاری اور ہیئت اجتماعی کی جوہر ناشناسی کا مقابلہ کر کے ایک باغیانہ انداز کے ساتھ اپنی انفرادیت کو کامیاب رکھنے کی مسلسل جدوجہد کرتی رہتی ہیں۔

لیکن ایسے انفرادی مزاج کے ساتھ زمانہ اور سماج کی قوتیں برابر برسرپیکار رہتی ہیں اور بسا اوقات ایسا ہوتا ہے کہ ایسے نازک مقامات پر بڑے سلیقہ کے ساتھ شخصی مزاج کو اپنی تمام بغاوتوں کو سمیٹ کر وقت سے سمجھوتہ کر لینا پڑتا ہے نہیں تو ایسا بھی ہوتا ہے کہ کھری سے کھری انفرادیت اور خالص سے خالص شخصیت کو اپنے دور کی مخالف شکتیوں

کے ہاتھوں فنا ہو جانا پڑ رہا ہے۔ سعدی کا مشہور قول ہے کہ،

زمانہ با تو نہ سازد تو باز مانہ بہ ساز

اور یہ قول ان کے زمانے سے لے کر آج تک صحیح ہے لیکن زمانہ کے ساتھ ساز باز کرنے کا بھی ایک سلیقہ ہے۔ اگر کسی کو یہ سلیقہ معلوم نہیں ہے تو وہ یا تو بہت جلد مٹ کر رہ جائے گا، یا زمانہ اس کو اپنا غلام بے دام بنا لے گا، اس لئے کہ زمانہ بھی شخصیت کو پہچان کر اس کے ساتھ سلوک کرتا ہے اور بقول اقبال "کسی کا راکب کسی کا مرکب کسی کو عبرت کا تازیانہ" ہوتا ہے۔ ہم کو نہ تو زمانہ کے ہاتھوں مٹنا ہے اور نہ زمانہ کا مرکب بننا ہے، بلکہ کبھی للکار کر، کبھی چمکار کر اور کبھی کسی دوسرے داؤں پیچ سے اس کو اپنے قابو میں رکھنا ہے۔

۱۹۳۲ء میں مجھے کچھ ایسا محسوس ہونے لگا کہ کاروبار شوق اور ذوق جمال کی تکمیل کے لئے جس فراغت اور یک سوئی کی ضرورت ہے وہ اس دور میں دنیا میں اور بالخصوص ہمارے ملک میں عنقا ہے۔ میرے لئے بہترین مشغلہ لکھنا اور پڑھنا تھا جو ولولہ اور جو نشاط کسی کو معشوق کی معیت میں محسوس ہو سکتا ہے وہ مجھے ادب کے مطالعہ اور اس کی تخلیق میں محسوس ہوتا تھا۔ لیکن جیسا کہ میں کہہ چکا ہوں اسباب و حالات میری امنگوں کا ساتھ نہ دے سکے۔ نہ رسالہ "ایوان" میری زندگی کا کفیل ہو سکا اور نہ "ایوان اشاعت" کی مطبوعات۔ مجبوراً مجھے رک کر سوچنا پڑا کہ وہ کون سی صورت ہو جو میرے مزاج اور ذوق کی رعایت رکھتے ہوئے میرا ذریعہ معاش بھی بن سکے۔

میرے کردار میں ایک نمایاں خصوصیت میرے ارادہ کی ضد کی حد تک بڑھی ہوئی پختگی تھی۔ تمام حائلات و موانع کے باوجود میں اب تک اپنے ارادہ میں برے بھلے کامیاب رہا۔ میں نے بہت جلد فیصلہ کر لیا کہ میرے لئے دوسرا بہترین مشغلہ درس و تدریس

ہو گا۔ چنانچہ اب میں کالج میں پڑھاتا ہوں۔ اس سے بھی ایک حد تک میرا ذوق اظہار پورا ہوتا رہتا ہے۔ جب کبھی فرصت کے کچھ لمحے میسر ہو جاتے ہیں تو احباب کے تقاضوں کو پورا کرنے کے لئے کچھ نہ کچھ لکھ ڈالتا ہوں، جو نہیں نہیں پر بھی اتنا ہوتا ہے کہ میرے نام کی یاد کو سال بہ سال زندہ رکھے۔

زندگی نے مجھے بہت سے ایسے مواقع دیے کہ اگر میں اپنے لکھنے پڑھنے کے ذوق سے، جس کو میرے اکثر احباب ایک بے سود علت سمجھتے آئے ہیں، قطع نظر کر لیتا تو دنیوی نقطہ نظر سے ایک دوسے نہیں سیکڑوں سے بہتر رہتا۔ لیکن "ثواب طاعت وزہد" کی طرف ایسے لوگوں کی کمی نہیں جن کی طبیعتیں کسی طرح مائل نہیں ہوئیں۔ میں بھی انہیں لوگوں میں سے ہوں۔ میں نے اپنی وضع بھی قائم رکھی اور زمانے کے ساتھ بھی رہا۔ میں نے جس مجاہدے کے ساتھ ناموافق ماحول اور مخالف قوتوں کے مقابلہ میں اپنی اصلی فطرت یا سالمیت Integrity یا سیدھی سادی اصطلاح میں اپنی شخصیت کو قائم رکھا اس کا حال کچھ میں ہی جانتا ہوں۔ مجھے یہ کہنے کا حق ہے کہ،

ایک میں دل ریش ہوں ویسا ہی دوست
زخم کتنوں کے سنا ہے بھر چلے

اس کو تعلی سمجھیے یا امر واقعہ یا مجبوری و بے چارگی کا اظہار۔ اب آخر میں مجھے پھر اپنا جملہ دہرانے دیجئے کہ لکھنا پڑھنا میری طبیعت کی افتاد ہے، اور میں لکھتا پڑھتا یا پڑھاتا اس لئے ہوں کہ دنیا کا کوئی دوسرا کام اس سے زیادہ ذوق اور قرینہ کے ساتھ نہیں کر سکتا۔

لیکن "سویرا" کے ادارے نے کم سے کم مجھ سے یہ سوال ناحق کیا کہ میں کیوں لکھتا ہوں۔ اس سے زیادہ موزوں اور برمحل سوال تو یہ تھا کہ میں اب کیوں نہیں لکھتا، یا اتنا کم کیوں لکھتا ہوں۔ یہ زیادہ اصلی سوال ہوتا اور اس کا جو جواب میں دیتا وہ میرے اہل وطن

کے لئے زیادہ دلچسپ، زیادہ عبرت انگیز اور زیادہ بصیرت افروز ہوتا۔ "میں کیوں لکھتا ہوں؟" اس سوال کا جواب نسبتاً آسان تھا جو میں نے دے دیا لیکن "میں کیوں نہیں لکھتا" اس سوال کا جواب دینا ایک پوری "ہفت خواں" کو دہرانا ہوگا جو خود میرے لئے بڑی آزمائش کا کام ہوگا۔ امید ہے کہ میرے اس "سرود بہ مستاں یاد دہانیدن" سے "سویرا" والے فائدہ نہ اٹھائیں گے اور مجھ سے وہ سوال نہ کریں گے جس پر میں خود اکثر ایک کسک کے ساتھ غور کیا کرتا ہوں اور کچھ سمجھ میں نہیں آتا۔ اس وقت اگر مجھ سے کوئی میرے آغاز و انجام کے بارے میں پوچھے تو سوا اس کے کچھ نہ کہہ سکوں گا کہ،

حال من بنگر داز عاقبت کار مپرس
عمر خود گشتم و در غصہ بہ پایاں رفتم

* * *